ÊTRE PARENT LA NUIT AUSSI

Comment aider votre enfant à dormir

La Ligue Leche

ÊTRE PARENT LA NUIT AUSSI

Comment aider votre enfant à dormir

Dr William Sears

LIGUE LA LECHE
2540, Sherbrooke Est, bureau 100
Montréal (Québec) H2K 1E9
www.allaitement.ca

Révision :	Carole Pitre-Savard
Couverture :	Josée Simard
Infographie :	David Savard
	REAKTION
Photos :	La Leche League International
	Ligue La Leche
Photo de la couverture :	Anik Gingras (819-536-4879)
	www.niko-photographie.com

Édition originale : *Nighttime Parenting*

ISBN 0-912500-53-0

Édition en langue française

Dépôt légal : 2e trimestre 2006
Bibliothèque nationale du Québec
Bibliothèque nationale du Canada
ISBN : 2-920524-15-1 (2e édition, 2006)
ISBN : 2-920524-06-2 (1re édition, 1992)

À ma famille :
Martha, James, Robert, Peter, Hayden, Erin,
Matthew, Stephen et Lauren.

Table des matières

Avant-propos

Docteur Sears, où étiez-vous lorsque nous avions besoin de vous? Si seulement vous étiez né quelques années plus tôt (plusieurs années en fait), vous auriez pu écrire ce livre merveilleux durant les premiers moments d'existence de la Ligue La Leche, alors que les nouveaux parents que nous étions, à l'époque, faisaient de leur mieux pour désapprendre les « règles » stupides et illogiques imposées à nos pauvres mères par les grands gourous de la pédiatrie de ce temps-là.

Il était évident que ces médecins ne possédaient pas une grande expérience auprès des tout-petits. Je me souviens encore des descriptions que me faisait ma belle-mère des nuits qu'elle avait passées, en larmes à côté du lit de son bébé, parce qu'elle n'osait prendre dans ses bras son enfant qui pleurait de peur de nuire à sa personnalité. (Heureusement, elle a été assez futée et affectueuse pour faire fi des édits des experts et le bébé s'en est très bien tiré. En fait, je l'ai épousé.)

Selon ma mère, les huit enfants que nous étions avaient tous commencé à faire leurs nuits dès l'âge de six semaines, à l'exception d'un seul. Mon petit frère, l'exception, refusait de se plier aux normes d'alors et il a vécu des nuits ponctuées de hurlements pitoyables pendant trois longs mois. Malgré tout, le souci naturel de ma mère pour le bien-être de ses enfants a fait pencher la balance en notre faveur, de sorte que nous nous en sommes relativement bien tirés, nous aussi.

Aujourd'hui, grâce au ciel, les mères peuvent compter sur des personnes comme le docteur William Sears, qui sait ce dont il parle. « Moi aussi, semble-t-il dire, j'ai vécu ce genre de situations. » Et nous le croyons bien volontiers, car son amour des enfants et les connaissances qu'il a de leurs besoins transparaissent clairement tout au long de son livre. La philosophie qui est exprimée concorde parfaitement avec celle de la Ligue La Leche, offrant ainsi un écho aux concepts présentés dans *L'Art de l'allaitement maternel.* Plus important encore : son respect de la famille et de l'institution du mariage. Les bébés ont besoin de leur mère et de leur père, nous dit-il. Ils s'épanouissent mieux au sein d'une structure familiale solide.

La section du livre du docteur Sears consacrée à la mère qui travaille sera certes utile à celle qui doit se séparer temporairement de son enfant.

Il sait néanmoins qu'il est préférable que le bébé soit materné à temps plein et il n'hésite pas à l'affirmer.

Il est également rassurant de connaître l'opinion du docteur Sears sur des sujets qui font l'objet d'inquiétudes chez les parents, notamment en ce qui a trait au syndrome de mort subite du nourrisson. Ce qu'il affirme est vrai : il y a moins de décès de nouveau-nés dus au SMSN chez les bébés allaités et chez ceux qui dorment avec leur mère. Les mères qui allaitent semblent dotées d'un sixième sens qui se met en alerte quand vient le moment de materner leur bébé. Je crois que, pendant son sommeil ou en état de veille, la mère qui allaite est toujours à l'écoute de son bébé, et ce, d'une façon toute spéciale. Je souhaite que les nouvelles mamans qui ne se croient pas capables de dormir avec leur bébé puissent tenir compte des paroles du docteur Sears et fassent au moins une tentative. C'est une méthode vraiment efficace et, au bout du compte, tout le monde sera plus heureux.

La lecture de *Être parent la nuit aussi* a éveillé en moi de nombreux souvenirs. À l'époque, nous savions que l'ancienne façon de procéder, laisser pleurer le bébé, était erronée, mais nous nous sentions incapables de trouver une meilleure solution. Je me souviens d'avoir arpenté la pièce à trois heures du matin avec mon bébé qui hurlait dans les bras, pensant que jamais je ne rattraperais tout ce sommeil perdu et luttant contre une envie folle de jeter le bébé par la fenêtre la plus proche. Aujourd'hui, bien des années plus tard, je constate avec étonnement que j'ai presque oublié toutes ces nuits où je m'inquiétais à propos du sommeil que je ne pourrais jamais retrouver. J'ai rattrapé ce sommeil, quoiqu'il m'ait fallu quelque temps pour apprendre à renoncer à faire cadrer les jeunes enfants dans le moule de l'adulte. Nos tout-petits ont fini par dormir avec nous et nous avons remisé le lit de bébé. Nous installions un matelas par terre lorsqu'un bambin débordant d'énergie et ayant besoin d'espace passait une bonne partie de la nuit à mettre les genoux ou les coudes dans le visage et les côtes de ses parents. (À cette époque, nous n'avions jamais entendu parlé des matelas de grand format !)

J'aurais volontiers troqué tous les cauchemars de nos aînés pour quelques coups à la figure. Lorsque les plus jeunes atteignaient l'âge de quatre ou cinq ans, il n'était plus nécessaire d'inspecter le dessous des lits à la recherche de monstres fabuleux. Les enfants savaient qu'il n'y avait là qu'une couche de poussière.

Il est important que les jeunes parents d'aujourd'hui, ceux qui sont plongés dans ces années exigeantes, sachent que leurs efforts seront récompensés. Connaître les causes du comportement des bébés nous aide grandement à continuer, ainsi qu'à accepter et même à profiter de ces heures interminables passées à prendre soin de nos enfants à temps plein. Les récompenses se font peut-être attendre, mais elles sont tout de même très réelles. Je me rappelle ces paroles du docteur Herbert Ratner, mentor de la Ligue La Leche pendant des années : « Il vaut mieux perdre quelques nuits de sommeil quand les enfants sont jeunes plutôt que de rester debout à s'inquiéter à leur sujet lorsqu'ils sont plus grands. »

Ce livre a sa place dans votre bibliothèque à côté de *L'Art de l'allaitement maternel*. Il aidera les nouveaux parents à élever des enfants plus heureux et plus confiants qui, ayant appris dès leur naissance qu'ils peuvent compter pleinement sur les êtres qu'ils chérissent le plus au monde, leurs parents, seront sûrs d'eux et feront sans crainte leurs premiers pas dans le monde. Les besoins qui auront été comblés au moment où ils se sont manifestés ne demanderont plus à être satisfaits. Ces enfants seront libres de grandir, d'aller de l'avant et d'être eux-mêmes. Mieux encore, ils posséderont une inestimable expérience de vie familiale qu'ils pourront partager et transmettre à leurs propres enfants en temps et lieu.

Merci, docteur Sears, d'une grand-maman qui a payé cher pour apprendre.

Mary White

Mère fondatrice
La Leche League International

Préface

« Si seulement je pouvais avoir une nuit complète de sommeil ! » Telle est la complainte de millions de parents fatigués qui sont placés chaque nuit devant le même dilemme de vouloir bien assumer leur rôle de parent tout en aspirant à une nuit de sommeil ininterrompue.

La nuit, bien des parents sont tiraillés entre ce qu'ils ressentent et ce que leur disent leurs amis, leurs parents et les médecins. Lorsque leur enfant se réveille à trois heures du matin (pour la troisième fois), leur intuition parentale les pousse à se lever et à consoler l'enfant qui pleure. Par contre, les conseils qu'ils reçoivent des gens de l'extérieur les invitent à « laisser pleurer le bébé ». Qui a raison ? J'ai écrit *Être parent la nuit aussi* pour aider les parents à régler cette question.

Dès le début de ma pratique pédiatrique, j'ai constaté que les problèmes qui tracassent le plus les parents sont ceux pour lesquels les médecins reçoivent le moins de formation. « Docteur, est-ce bien de laisser le bébé dormir dans notre lit ? » « Risquons-nous de gâter le bébé si nous allons le chercher lorsqu'il se réveille en pleurant. ? » Les gens exprimaient alors de véritables inquiétudes qui méritaient de vrais réponses. Mais je ne les connaissais pas. Aucune école de médecine n'offre de cours expliquant où devrait dormir le bébé ou pourquoi il pleure.

À cette époque, ma femme et moi étions nous-mêmes de jeunes parents tentant de trouver notre propre style parental. Nous lisions les livres sur les soins aux bébés, mais restions néanmoins perplexes. Les spécialistes faisant autorité dans le domaine choisissaient la facilité. Ils offraient des recettes toutes faites : « Si votre bébé pleure une heure la première nuit, quarante-cinq minutes la seconde, trente la troisième, la quatrième nuit, il dormira d'une traite. » Cette règle rigide ne me convenait pas, mais j'ignorais pourquoi. Je ne pouvais me résoudre à l'appliquer à mes propres enfants ; par conséquent, je n'allais certainement pas donner ce conseil à mes patients. Dans ma pratique médicale, j'ai donc appris très tôt qu'il n'existe pas de réponse facile à la plupart des problèmes d'éducation des enfants.

Puis, un jour, un sage collègue m'a pris à part et m'a confié que lorsqu'il voulait trouver réponse à une question difficile sur l'éducation des enfants, il questionnait une mère intuitive qui avait de l'expérience.

Eurêka! Comme c'était simple, mais quelle bonne idée. J'ai décidé que j'allais apprendre des mères expérimentées. J'ai donc entrepris de trouver plus particulièrement des réponses aux questions suivantes sur le sommeil :

- Pourquoi certaines familles ont-elles moins de problèmes de sommeil que d'autres ?
- Pourquoi y a-t-il des enfants qui dorment mieux que d'autres ?
- Pourquoi certains parents s'en sortent-ils mieux ?
- Qu'est-ce qui fonctionne mieux pour la plupart des parents et pourquoi ?

Chaque fois que j'interrogeais des parents qui avaient trouvé des réponses à ces questions, je notais ce qui s'était révélé efficace de même que ce qui ne l'avait pas été. Quand je me suis intéressé plus particulièrement au rôle des parents pendant la nuit, j'ai envoyé un questionnaire à ceux dont les réponses m'avaient paru dignes de confiance. Dans *Être parent la nuit aussi*, je partage avec vous les solutions que m'ont communiquées plus de 5 000 parents.

Au cours de toutes ces années, j'ai eu la joie d'avoir huit enfants et une femme à l'écoute de son intuition maternelle. Mes théories sur la façon dont les bébés devraient dormir ont donc été mises en pratique. Les solutions préconisées dans ce livre sont celles que j'ai appliquées personnellement - qui m'ont permis de dormir. Elles sont efficaces !

Les problèmes liés au sommeil surgissent lorsque les périodes de réveil de votre enfant la nuit dépassent votre capacité à vous y adapter. *Être parent la nuit aussi* est orienté vers ces deux objectifs : réduire les périodes de réveil de votre enfant la nuit et augmenter votre capacité d'adaptation. Une bonne partie de cet ouvrage servira à expliquer que les bébés et les enfants font ce qu'ils font parce qu'ils sont « programmés » pour agir ainsi. Ainsi, je vous aiderai à comprendre pourquoi les bébés ne sont pas faits pour dormir toute la nuit.

J'ai voulu, par ce livre, aider les parents et leurs enfants à dormir en harmonie. J'ai suffisamment confiance en l'intuition des parents et en la capacité des bébés de signaler leurs besoins pour croire que si l'appelant et le répondant peuvent faire fonctionner leur système de communication, il en résultera un sommeil harmonieux. Dans ce livre, on ne vous conseillera pas de laisser pleurer le bébé. Bien au contraire, il s'agit d'un ouvrage où l'on apprend à écouter le bébé et à répondre à ses besoins. Lorsque vous aurez atteint cette sensibilité et cette harmonie, vous pourrez profiter pleinement des joies que vous procure votre enfant et celui-ci se sentira aimé et en sécurité.

Les enfants qui dorment mal peuvent exténuer toute la famille, créer des tensions dans le couple et contribuer à l'épuisement des parents. Pourtant, l'épuisement parental est rarement imputable à l'enfant. C'est plutôt la société qui est responsable, une société d'où est disparu le concept de la famille élargie, le système traditionnel de soutien aux parents. Il faut remonter au temps de la colonisation pour retrouver une époque où l'on s'attendait, tout comme aujourd'hui, à ce qu'une mère en fasse autant avec si peu de soutien moral. Dans *Être parent la nuit aussi*, j'offre des suggestions pour éviter l'épuisement parental et des moyens pour développer un système d'aide susceptible de fournir aux mères une paire de bras supplémentaire pour prendre soin de leur bébé et offrir aux pères l'occasion de faire toute la différence.

Tout au long de ce livre, j'ai cité des études sur le sommeil qui ont des conséquences pratiques pour comprendre et survivre aux besoins de votre bébé la nuit. J'ai inclus des témoignages de parents et des suggestions pour affronter les nuits blanches et le bébé qui pleure, ainsi que des récits de ce que nous avons vécu dans notre famille. Il ne faudrait pas s'imaginer que les pédiatres n'ont que des enfants qui dorment toute la nuit. J'ai passé, moi aussi, de nombreuses heures auprès de nos enfants durant la nuit.

Comment lire cet ouvrage

Afin qu'ils en retirent le maximum de profits (et de sommeil), je conseille aux futurs parents et aux parents de nouveau-nés de lire cet ouvrage en pensant que cela pourra les aider à prévenir des problèmes de sommeil sérieux. Les parents dont les enfants ont déjà des problèmes de sommeil pourront l'utiliser comme un ouvrage de référence pour solutionner des cas particuliers. J'espère que ce livre servira également aux personnes qui offrent des conseils sur le rôle des parents la nuit, notamment les grands-parents, les conseillers professionnels et les professionnels de la santé. Rappelez-vous, les nouveaux parents sont particulièrement sensibles aux avis de toutes sortes sur les soins à donner aux enfants parce qu'ils aiment leur enfant et respectent ceux qui les conseillent. Je crois que *Être parent la nuit aussi* aidera ceux-ci à conserver ce respect.

Quatorze années se sont écoulées depuis la publication de la première édition de cet ouvrage. Depuis, notre famille a accueilli trois autres enfants et quatre petits-enfants. Nous continuons de constater que le fait de répondre aux besoins du bébé durant la nuit est payant. Nos enfants et nos petits-enfants dorment tous bien et ont de bonnes habitudes de sommeil. Le temps que nos bébés ont passé dans nos bras, au sein de leur mère et dans notre lit ne représente qu'une toute petite partie de leur vie. Toutefois, le souvenir de notre amour et de notre disponibilité constante dureront toute la vie. Les bienfaits s'étendent même à la génération suivante.

Dr William Sears

Avril 1999

Chapitre 1

L’art parental favorisant l’attachement : un mode de vie valable

Chaque jour, à mon bureau, des couples dans l’attente d’un enfant me font part de leurs préoccupations : « Ce sera notre premier enfant et nous tenons vraiment à faire de notre mieux. Pourriez-vous nous donner des conseils pour partir du bon pied ? » Je leur parle alors de la forme d’art parental qui convient à la plupart des couples, la plupart du temps : celle qui favorise l’attachement. Le rôle que les parents doivent jouer pendant la nuit fait partie de cet art parental.

L’art parental favorisant l’attachement aide les parents à atteindre deux principaux objectifs :

1. connaître leur enfant ;
2. l’aider à se sentir bien dans sa peau.

Un enfant qui se sent bien se comporte bien et devient une source de joie pour ses parents. Je désire que les parents profitent du bonheur d’avoir des enfants.

En quoi consiste l’art parental favorisant l’attachement ?

Pour en savoir plus long à ce sujet, je vais vous donner quelques conseils pour faciliter l’attachement. Ceux-là même que je communique aux nouveaux parents qui viennent me consulter pour s’assurer un bon départ avec leur enfant. Ces suggestions peuvent vous aider à mieux connaître et à comprendre votre enfant et ainsi l’aider à se sentir bien dans sa peau.

Faites une promesse

Au tout début de votre carrière de parents, avant même la naissance du bébé, promettez-vous mutuellement d'accorder une attention indéfectible à votre relation de couple et à votre future relation parent-enfant. Un foyer fondé sur une union stable et satisfaisante est un des plus beaux cadeaux de bienvenue que vous pouvez faire à votre nouveau bébé.

Afin de renforcer ces engagements pendant la grossesse, je suggère aux couples une coutume que nous avions adoptée, ma femme et moi. Chaque soir avant de vous coucher, joignez tous deux les mains sur le ventre de la future mère. Parlez de la promesse qui vous lie mutuellement et de celle qui vous lie à cette nouvelle vie qui grandit. Ce touchant rituel à l'heure du coucher deviendra rapidement une habitude qui se poursuivra probablement après la naissance du bébé. J'étais tellement habitué à ce rite que, même après la naissance de notre bébé, je ne pouvais m'endormir le soir sans avoir d'abord placé ma main sur sa tête et réaffirmé mon engagement en tant que père. J'étais littéralement accroché ! Je m'étais déjà attaché à notre bébé avant même sa naissance.

Créez un environnement intra-utérin calme

Au cours des vingt dernières années, des découvertes fascinantes ont été faites à propos de la conscience du fœtus sur les plans sensoriel et émotif. La mère et son enfant à naître partagent des émotions. Lorsque la mère est bouleversée, son bébé peut l'être aussi. Si vous éprouvez beaucoup de stress au cours de votre grossesse (particulièrement au cours des trois derniers mois), vous risquez davantage de mettre au monde un enfant anxieux. Or un enfant anxieux risque davantage d'avoir de la difficulté à dormir. En vivant une expérience de grossesse paisible, vous commencez déjà à vivre en harmonie avec votre bébé. Cette harmonie prénatale peut se répercuter sur les habitudes de sommeil du bébé.

Préparez-vous

De nombreux couples consacrent beaucoup de temps et d'argent à aménager la chambre du bébé. Votre bébé se soucie fort peu de l'apparence de sa chambre. C'est vous qu'il veut. Préparez-vous en conséquence. Des groupes d'entraide peuvent aider les parents à se préparer et à adopter un style parental qui corresponde bien à l'engagement qu'ils ont pris, ainsi qu'à leur situation familiale. À mon avis, **La Leche League International**, un réseau mondial de soutien de mère à mère, est l'organisme le plus efficace dans ce domaine. Grâce à l'information et à l'encouragement qu'elle fournit aux mères qui allaitent, la Ligue La Leche réussit particulièrement bien à transmettre le concept de l'art parental favorisant l'attachement. Je suggère aux futures mamans de joindre les rangs de cette organisation dès le début de leur carrière de parent, de préférence durant leur grossesse.

Pour bien se préparer à son futur rôle de parent, il est important de suivre un bon **cours prénatal** et de planifier soigneusement l'accouchement. Choisissez un environnement de naissance qui vous permettra d'être à l'écoute de votre corps durant le travail. La mère, qui est bien préparée à décoder les signaux de son corps (par exemple, quand se déplacer ou rester étendue) et qui accouche dans un environnement qui lui en laisse la possibilité, est davantage susceptible de s'attacher rapidement à son bébé. La mère qui perd le contrôle de son accouchement et qui vit cette expérience dans la peur peut avoir plus de difficulté à s'attacher immédiatement à son bébé. De plus, un travail et un accouchement difficiles augmentent les risques que le bébé éprouve de la difficulté à dormir.

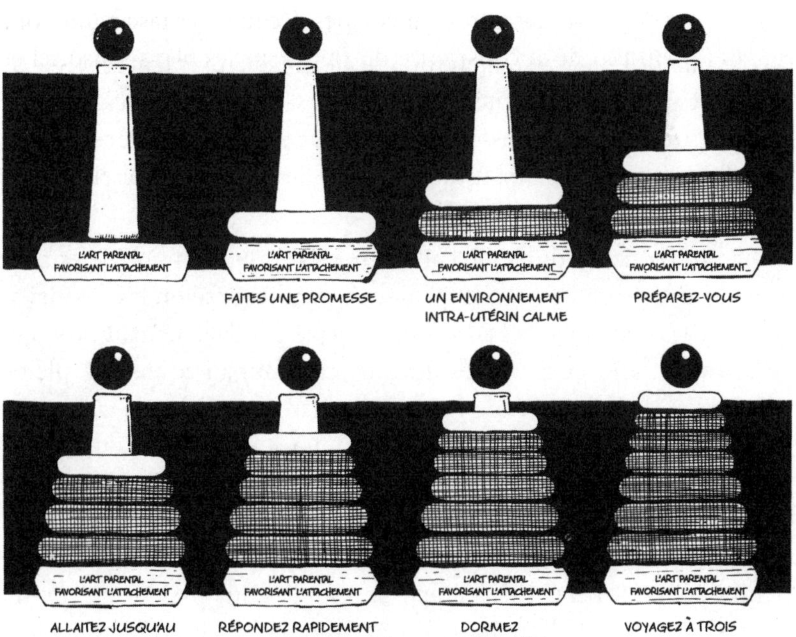

Allaitez jusqu'au sevrage naturel

L'allaitement favorise l'attachement et vous aide à décoder les signaux de votre bébé. Ainsi, vous pouvez plus facilement déceler chez votre bébé les signes indiquant qu'il a faim ou qu'il a besoin de réconfort, plutôt que de surveiller l'horloge et de calculer la quantité de lait ingurgité. Votre bébé et vous apprendrez à mieux vous connaître et vous vivrez en meilleure harmonie.

Dans mon bureau, il y a une affiche qui dit : « Le sevrage précoce n'est pas recommandé pour les bébés. ». Les nouvelles mamans sont sensibles aux remarques lancées étourdiment par des amis et des parents bien intentionnés : « Quoi, tu allaites encore ? » Pour comprendre la philosophie sous-jacente à l'attachement parental, il faut d'abord saisir la signification réelle du terme « sevrage ». Les parents considèrent souvent le sevrage comme la fin d'une relation, un détachement. Le mot « sevrage » n'est pas un terme négatif, bien au contraire. Dans les écrits anciens, ce terme signifiait « mûrir ». Il est associé à un sentiment d'accomplissement, d'aboutissement où l'enfant semble dire à sa mère : « Je suis prêt. J'ai fait le plein de cette relation et je suis prêt à passer à autre chose. Merci, maman. »

La vie est une suite de sevrages : sevrage de l'utérus, sevrage du sein, sevrage du lit des parents ou de la couchette, sevrage de la maison à l'école, puis de l'école au marché du travail. Lorsqu'un enfant est sevré de l'un de ces havres de sécurité avant qu'il n'y soit prêt, il risque d'adopter des comportements que j'associe à un sevrage prématuré. Il ne se sent pas bien dans sa peau ; il est maussade, agressif ou en colère. Ces sentiments risquent de le suivre toute sa vie.

Ne limitez pas la durée de l'allaitement à un nombre prédéterminé de mois, une procédure que je qualifie de **parentage selon le calendrier**. Tant que les deux membres du couple formé par l'allaitement profitent de cette relation, l'expérience devrait être poursuivie jusqu'à pleine satisfaction de la mère et de l'enfant. Le parentage selon le calendrier n'est tout simplement pas efficace : il conduit souvent à un gain à court terme, mais entraîne une perte à long terme. Il est nettement plus réaliste que les nouveaux parents s'abstiennent d'avoir des idées préconçues relativement aux diverses étapes du développement de leur enfant. Le rythme auquel le bébé se développe, tant sur le plan physique qu'émotif, varie énormément d'un individu à l'autre. Des attentes rigides et irréalistes mèneront les parents à la frustration, ce qui en retour freinera l'interaction spontanée entre eux et leur enfant et ternira leur joie d'être parents. Plus important encore, le fait de restreindre l'accès à la source de sécurité de l'enfant risque de laisser des séquelles à long terme sur son bien-être physique et mental.

Répondez rapidement aux pleurs de votre bébé

Chaque bébé naît avec la capacité de signaler ses besoins. C'est un langage unique que les adultes appellent « pleurs ». Chaque mère développe la « connexion » nécessaire pour interpréter le signal de son

bébé. Ce système de communication particulier est conçu pour assurer la survie du bébé et favoriser l'épanouissement du comportement maternel. La mère qui répond rapidement aux pleurs de son bébé accroît sa sensibilité face à son bébé. Cette sensibilité aide à développer l'intuition parentale.

Le sommeil : divers arrangements sont possibles

Les bébés donnent souvent des indices à leurs parents quant à l'endroit où ils veulent dormir. Certains bébés aiment mieux dormir dans leur propre chambre ; d'autres préfèrent dormir dans un lit placé dans la chambre de leurs parents ; de nombreux bébés dorment mieux dans le lit de leurs parents. Les parents ont des préférences eux aussi. L'arrangement qui vous permet à tous trois (père, mère et bébé) de bien dormir est celui qui convient le mieux à votre famille. Votre bébé compte sur le fait que vous êtes ouverts et réceptifs à ses indices quant à l'endroit où il préfère dormir. Vous devez également vous faire confiance et répondre aux besoins de votre bébé dans ce domaine en adoptant certaines mesures, même si elles ne correspondent pas tout à fait aux conventions de votre entourage. Le meuble le plus important que je conseille aux nouveaux parents de se procurer est un très grand lit (king-size). Accueillir le bébé dans votre lit n'est qu'un autre aspect d'un style parental favorisant la confiance et l'ouverture. Si vous êtes à l'aise avec l'idée de dormir dans le même lit que votre bébé et que ça va bien, tant mieux. Si cela ne fonctionne pas et ne vous convient pas, laissez faire.

Voyagez à trois (père-mère-bébé)

Pendant une tournée de conférences en Australie, j'ai pu apprécier le « maternage marsupial » des kangourous, une espèce dont les petits sont presque constamment en contact avec la mère puisqu'ils vivent dans une poche située sur l'abdomen de celle-ci. Je conseille aux couples de ne pas céder aux pressions extérieures habituelles les incitant à « partir sans le bébé », mais plutôt de l'emmener avec eux en s'habituant à le porter dans une écharpe ou un porte-bébé. À mesure que les parents développeront le sentiment de faire un avec leur bébé, ils se sentiront bien avec lui et moins bien lorsqu'ils en seront séparés. S'ils vivent bien ensemble durant le jour, il sera plus facile de vivre ensemble pendant la nuit.

Méfiez-vous du style parental favorisant le détachement

Ce style parental restrictif empêche les parents de bien capter les signaux de leur bébé. Ses partisans prônent : « Laissez pleurer le bébé. Il doit apprendre à faire ses nuits. » « Ne soyez pas si empressés à prendre votre bébé. Vous allez le gâter. » « Imposez un horaire à votre bébé, sinon il vous manipulera. » « Ne laissez pas votre bébé dormir dans votre lit. Vous lui donnez ainsi une très mauvaise habitude. » En plus d'être très négatif, ce style parental est caractérisé par des recettes toutes faites pour solutionner des problèmes complexes. Ainsi, lorsqu'un bébé se réveille plusieurs fois durant la nuit, les défenseurs du style parental favorisant le détachement vous conseillent : « Laissez-le pleurer une heure la première nuit, quarante-cinq minutes la seconde et, à la troisième, il dormira toute la nuit. »

Chers parents, permettez-moi de vous mettre en garde. Il n'existe pas de réponses simples aux problèmes complexes d'éducation des enfants. Les enfants sont trop précieux et leurs besoins trop importants pour devenir les victimes de conseils bon marché et superficiels. Mon expérience me permet de croire que les parents qui adoptent un mode favorisant le détachement risquent de perdre leur intuition et leur confiance en eux. Il leur sera plus difficile d'atteindre les deux principaux objectifs du rôle de parent : connaître son enfant et l'aider à se sentir bien dans sa peau.

Quelles sont les récompenses pour les parents ?

En quoi l'art parental favorisant l'attachement est-il différent ? Vous permettra-t-il d'être un meilleur parent ? Au cours des vingt-cinq dernières années, j'ai donné à mes clients les conseils mentionnés précédemment et nous les avons également appliqués dans notre famille. Ces conseils font réellement une différence. Les parents qui pratiquent l'art parental favorisant l'attachement connaissent bien leur enfant. Ils sont sensibles aux indices fournis par leur bébé, y répondent de façon intuitive et savent que leurs réponses sont appropriées. Ils ont des attentes réalistes en ce qui a trait au comportement de leur enfant aux diverses étapes de son développement et ils savent comment lui faire savoir ce qu'ils attendent de lui. Leurs enfants sont une source de joie. Le sentiment que suscite l'art parental favorisant l'attachement chez les parents et l'enfant peut se résumer en un seul mot : **harmonie**.

En plus d'une relation harmonieuse, l'art parental favorisant l'attachement contribue également à la formation d'une relation « **hormonieuse** ». Les mères qui mettent ce style parental en pratique subissent des changements chimiques au niveau de leur organisme. La prolactine, fréquemment appelée « l'hormone maternelle », peut augmenter la capacité de materner chez la femme et créer un sentiment de sérénité et de bien-être durant les périodes éprouvantes. Au cours d'expériences où l'on a injecté cette hormone à des oiseaux mâles, ces derniers ont adopté un comportement maternel. Les mères qui pratiquent l'art parental favorisant l'attachement produisent davantage de prolactine que les mères qui font preuve de retenue. Quels sont les facteurs qui augmentent la sécrétion de prolactine ? Vous l'avez deviné : l'allaitement sans restriction qui procure naturellement beaucoup de contact peau à peau avec le bébé et le sommeil partagé. La science confirme enfin ce que les mères savent intuitivement depuis toujours : la mère et son bébé sont faits pour passer beaucoup de temps ensemble.

Vous pensez peut-être que l'art parental favorisant l'attachement ne signifie que donner, donner et encore donner. Vous avez raison jusqu'à un certain point. Les mères donnent et les bébés prennent – voilà une attente réaliste d'une relation mère-bébé. C'est plus tard que l'enfant développera la capacité de donner à son tour. Règle générale, les bébés qui prennent beaucoup sont ceux qui donnent beaucoup. Toutefois, grâce à la prolactine, lorsque la mère donne à son bébé, celui-ci lui donne quelque chose en retour. L'art parental favorisant l'attachement permet au comportement maternel de stimuler encore davantage de comportements maternels.

Pourquoi l'art parental favorisant l'attachement est-il efficace ?

L'art parental favorisant l'attachement est efficace parce qu'il respecte le tempérament individuel de l'enfant. L'enfant vient au monde avec un certain niveau de besoins à satisfaire et la capacité de transmettre des indices en ce qui a trait à ces besoins. Les parents, en étant d'abord réceptifs aux indices de l'enfant, apprennent à les interpréter et à y répondre. Comme ces réponses l'aident à se sentir bien, l'enfant apprend à émettre de meilleurs indices et les parents apprennent à y répondre encore mieux. En un mot, ce système de communication parent-enfant permet à chacun d'améliorer les habiletés de l'autre.

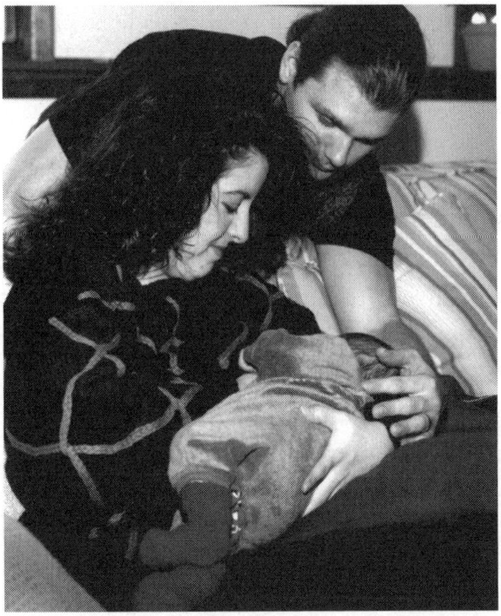

Un enfant émetteur d'indices et un parent à l'écoute font chacun ressortir le meilleur de l'autre. Par contre, le style parental favorisant le détachement et ses réponses restrictives produit exactement l'effet opposé. Les pleurs du bébé sont de plus en plus dérangeants et les parents de plus en plus irrités. Le bébé et ses parents ne se font plus confiance et finissent par être insensibles les uns aux autres. Cette insensibilité cause des problèmes aux parents.

L'art parental favorisant l'attachement est particulièrement efficace avec un **enfant aux besoins intenses**. Cet enfant a plusieurs qualificatifs : bébé maussade, bébé difficile, bébé exigeant, provocateur, forte tête. Je préfère l'appeler enfant aux besoins intenses. En plus de le définir de façon plus positive, l'expression décrit le type de soins parentaux qu'il nécessite. Cet enfant est celui qui a le plus besoin de l'art parental favorisant l'attachement.

Quels sont les avantages pour votre enfant ?

L'estime de soi

Le bébé élevé selon l'art parental favorisant l'attachement apprend que ses besoins seront satisfaits de façon constante et prévisible. Il apprend à faire confiance aux autres. Il a le sentiment d'être « quelqu'un de spécial ». C'est le début de l'estime de soi chez l'enfant, un sentiment de bien-être qui est d'une importance fondamentale pour la formation de sa personnalité.

L'intimité

L'enfant apprend à s'attacher à des personnes, non à des choses. Le bébé habitué à être dans les bras de ses parents, au sein, dans le lit de papa et de maman éprouve un sentiment de sécurité et d'épanouissement grâce à ses relations interpersonnelles. Ce bébé deviendra un enfant qui pourra plus facilement former des liens significatifs avec ses pairs et qui, à l'âge adulte, pourra développer une grande intimité avec un conjoint. Par contre, l'enfant laissé fréquemment à lui-même dans une balançoire, une couchette ou un parc risque d'établir des relations interpersonnelles superficielles et de devenir de plus en plus insatisfait dans un monde matérialiste.

Les qualités éducatives

L'enfant apprend à être à l'écoute et à donner. L'enfant élevé selon l'art parental favorisant l'attachement apprend à s'occuper des autres avec la même sensibilité et le même don de soi dont ses parents ont fait preuve.

La discipline

L'art parental favorisant l'attachement facilite l'application de la discipline (ce mot magique que vous attendiez). Parce que vous connaissez mieux votre enfant, vous êtes en mesure d'interpréter son comportement plus précisément et d'y répondre de façon plus appropriée. Parce que votre enfant se sent bien dans sa peau, il est davantage porté à agir correctement. L'enfant qui éprouve ce sentiment de bien-être intérieur est plus susceptible de développer une saine conscience. Il se sent bien lorsqu'il a bien agi et il se sent mal s'il a mal agi. Ce style parental facilite la formation chez votre enfant d'une façon d'être et crée à la maison une ambiance qui nécessite moins le recours à la punition. Lorsqu'elle est nécessaire, elle est administrée de façon plus adéquate. À cause de leur attachement réciproque, le parent et l'enfant se font mutuellement confiance. L'autorité est fondée sur la confiance et une figure d'autorité qui inspire confiance applique la discipline plus efficacement.

Jim et Erin

Les avantages à long terme

L'art parental favorisant l'attachement comporte également des avantages à long terme. J'aimerais aborder ici un concept très important en matière d'éducation des enfants, le **modelage**. Le mode d'éducation selon lequel les enfants auront été élevés est celui qu'ils seront le plus susceptibles d'adopter lorsqu'ils seront parents à leur tour.

Rappelez-vous que vous êtes en train d'éduquer le futur conjoint ou la future conjointe de quelqu'un d'autre, le futur père ou la future mère de vos petits-enfants.

Pour illustrer l'importance du modelage en matière d'éducation, voici deux anecdotes, l'une venant de ma pratique et l'autre, de ma vie familiale. Un jour, une nouvelle maman est venue à mon bureau avec son bébé pour un examen de routine. Elle était accompagné de Tiffany, sa fillette de vingt-deux mois. Lorsque le nouveau-né s'est mis à pleurer, Tiffany a couru vers sa mère en s'exclamant : « Maman, bébé pleure! Bercer bébé, téter bébé! »

Pourquoi Tiffany a-t-elle répondu aussi rapidement aux pleurs de sa petite sœur? Parce que c'est l'exemple qu'elle a reçu. Que fera Tiffany lorsqu'elle deviendra maman à son tour et que son bébé se mettra à pleurer? Vous l'avez deviné! « Bercer bébé, téter bébé! »

L'importance du modèle parental pour les adolescents nous est apparue, à ma femme et moi, il y a plusieurs années, un jour où Erin, notre fille de neuf mois, s'est mise à pleurer dans notre chambre à coucher. Fidèles à notre conviction qu'il faut répondre rapidement aux pleurs d'un bébé, Martha et moi nous sommes dirigés vers la chambre. C'est alors que les pleurs du bébé ont cessé. Arrivés sur le seuil de la porte, nous avons aperçu notre fils de quinze ans, Jim, étendu sur le lit à côté de Erin, la caressant et la consolant. Pourquoi Jim agissait-il ainsi? Parce qu'il modelait son comportement sur le nôtre. Il avait appris qu'il faut prêter attention et répondre aux pleurs d'un bébé. En voyant cette scène touchante, Martha et moi avons compris que Jim, tout comme Erin, se sentait bien.

Jim est aujourd'hui père, comme Bob, son frère aîné. Alors que nous observons ces jeunes hommes s'occuper de leurs enfants et de leur conjointe, notre conviction sur l'importance du modèle parental se confirme. Tout le mérite des familles heureuses de nos fils ne nous revient pas, mais nous savons toutefois que la façon dont nous les avons éduqués, eux et leurs frères et sœurs, est en train de faire une différence au niveau de la prochaine génération de la famille Sears.

Chapitre 2

Comment et pourquoi le sommeil du bébé diffère de celui de l'adulte

Les parents qui sont aux prises avec les habitudes de sommeil de leur enfant ont intérêt à connaître certaines notions générales sur le sommeil aussi bien que les particularités du sommeil de leur enfant. L'enfant ne dort pas comme l'adulte. Il est nécessaire de comprendre ce que la science a découvert à propos du sommeil afin d'apprécier cette différence.

Le sommeil : ses phases et ses stades

Le sommeil se divise en deux phases principales : le sommeil actif et le sommeil calme. Le sommeil actif est caractérisé par des mouvements oculaires rapides et il est également connu sous le nom de **sommeil paradoxal** (en anglais, REM sleep ou Rapid Eye Movement sleep). C'est à ce moment que surviennent les rêves. Le sommeil durant lequel les yeux demeurent immobiles se nomme **sommeil lent** (en anglais, non-REM sleep). Le sommeil paradoxal est aussi appelé sommeil léger et le sommeil lent, sommeil profond, mais les termes **sommeil actif** et **sommeil calme** sont plus précis.

Le sommeil progresse d'un état de veille à quatre stades progressifs de sommeil lent de plus en plus profond. Les stades trois et quatre du sommeil lent constituent le sommeil le plus profond. Cette période initiale de sommeil lent dure 90 à 110 minutes. Par la suite, le dormeur sort graduellement de ce sommeil profond et entame la première période de sommeil paradoxal qui dure environ 10 minutes. Il retombe ensuite dans une phase de sommeil lent. Ces cycles dont la durée varie entre

70 et 110 minutes (90 minutes en moyenne) s'enchaînent toute la nuit. Au début de la nuit, le sommeil lent prédomine. Puis, à mesure que la nuit avance, les périodes de sommeil paradoxal deviennent de plus en plus longues, pouvant atteindre jusqu'à 60 minutes. Peu avant le réveil, la durée du sommeil paradoxal et celle du sommeil lent sont sensiblement égales. Un adulte qui dort en moyenne huit heures passe environ six heures en sommeil lent et deux heures en sommeil paradoxal.

Le rôle du sommeil paradoxal

On croyait au départ que le sommeil paradoxal ne servait qu'à combler les vides entre les périodes de « vrai » sommeil lent. Toutefois, des études plus récentes ont démontré que les périodes de sommeil paradoxal remplissent plusieurs fonctions importantes.

Il semble que le sommeil paradoxal comble un besoin physiologique. Les deux types de sommeil sont régis par des régions différentes du cerveau. Des expériences effectuées sur des animaux révèlent que l'ablation de la partie du cerveau qui commande le sommeil paradoxal mène éventuellement à l'insomnie et à la mort. D'autres études ont révélé que des animaux nouveau-nés privés de sommeil paradoxal à l'aide de

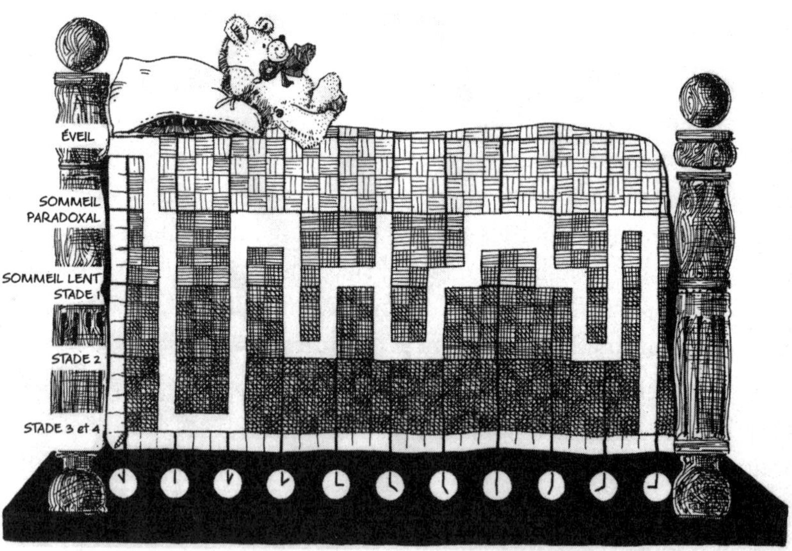

Au cours d'une nuit de sommeil, le dormeur traverse plusieurs cycles de sommeil paradoxal et de sommeil lent.

médicaments présenteront des troubles fonctionnels du sommeil et du cerveau à l'âge adulte (Dement, 1972). Lorsqu'un être humain est privé de sommeil pendant plusieurs nuits, la proportion de sommeil paradoxal augmente considérablement au cours des nuits de « récupération ».

Même si l'individu semble dormir à poings fermés, son cerveau demeure très actif durant la phase paradoxale. Les spécialistes du sommeil qualifient le sommeil paradoxal d'exercice mental. Le cerveau rêve et, au réveil, le dormeur est capable de se rappeler cette activité mentale.

En suivant le développement des phases du sommeil à travers l'évolution des animaux, on peut saisir les avantages du sommeil paradoxal. Les animaux peu évolués n'ont essentiellement qu'une forme de sommeil, le sommeil lent. Chez les animaux plus évolués, le cerveau est plus développé et la proportion de sommeil paradoxal augmente. Le sommeil paradoxal est-il la cause ou l'effet d'un cerveau plus développé ? Il serait facile de conclure que le sommeil paradoxal est une des conséquences d'un cerveau plus complexe, mais les experts en recherche sur le sommeil estiment que c'est plutôt l'inverse. Le sommeil paradoxal semble en effet être essentiel à la maturation du cerveau. Cette théorie de l'influence du sommeil paradoxal sur le développement cérébral a des répercussions très intéressantes pour mieux comprendre les types de sommeil du nourrisson.

Le sommeil paradoxal et le développement cérébral du nourrisson

Dans l'utérus, le système visuel reçoit beaucoup moins de stimulation que les autres sens. Néanmoins, les voies optiques du cerveau du nourrisson sont bien développés à la naissance. Le fœtus expérimente un très fort pourcentage de sommeil paradoxal. Certains chercheurs sont d'avis que la phase paradoxale serait une source d'**autostimulation** pour le cerveau en croissance, fournissant à ce dernier les images visuelles propices à son développement mental (Roffwarg, 1966). Selon cette théorie, les régions du cerveau inférieur feraient parvenir des impulsions électriques vers les régions du cerveau supérieur. Ces stimuli contribueraient au développement des régions du cerveau supérieur.

L'observation des types de sommeil au cours des diverses étapes de la vie tend à corroborer cette théorie. Plus l'être humain est jeune, plus la proportion de sommeil paradoxal est élevée. Le sommeil du fœtus est constitué de sommeil paradoxal à près de 100 pour cent, celui du nouveau-né à terme à environ 50 pour cent, celui de l'enfant de deux ans à 25 pour cent, celui des adolescents et des adultes à 20 pour cent et chez les personnes âgées cette proportion diminue à 15 pour cent. (Voir le tableau ci-dessous.) Comme on peut le constater, la période de la vie où les êtres humains dorment le plus longtemps et au cours de laquelle le cerveau connaît son développement le plus rapide, est également celle où la proportion de sommeil paradoxal est la plus élevée. À mesure que l'enfant en croissance reçoit davantage de stimulation sensorielle de son environnement, le besoin de stimulation interne (la phase de sommeil paradoxal) diminue.

« Docteur, mon bébé ne dort pas toute la nuit ! »

Effectivement, les bébés dorment différemment et les parents fatigués doivent avoir des attentes réalistes à ce sujet. Le bébé ne dort évidemment pas toute la nuit. Il confond le jour et la nuit et se réveille

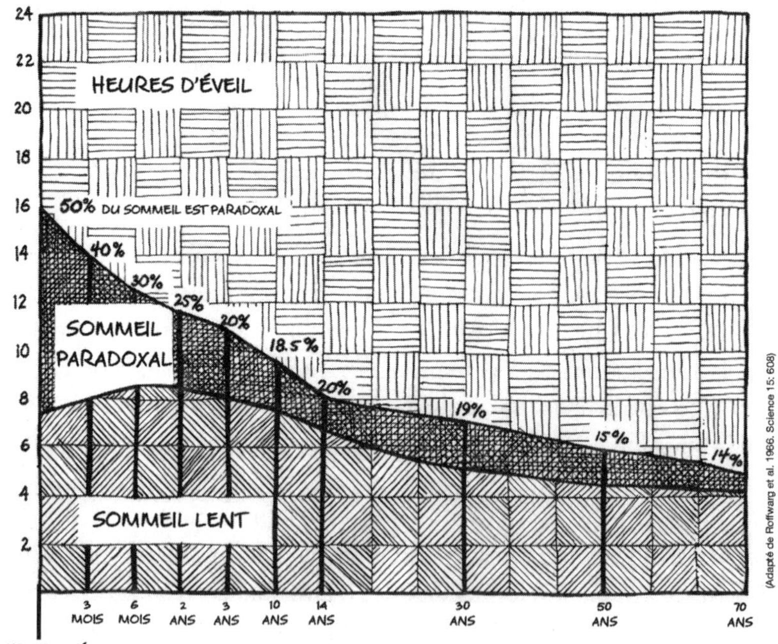

À mesure que l'être humain vieillit, ses besoins en sommeil paradoxal diminuent.

souvent pour être nourri. Pourquoi ? Parce que les bébés sont faits ainsi. Je vais maintenant vous expliquer pourquoi les bébés dorment (ou ne dorment pas) comme ils le font.

Le bébé a un plus grand besoin de sommeil paradoxal

L'adulte ne passe que 20 à 25 pour cent de son sommeil total en phase paradoxale et le reste (75 à 80 pour cent) en sommeil calme ou profond. L'adulte a presque deux fois plus de sommeil lent que le nouveau-né. De la naissance à l'âge de trois mois environ, le sommeil du nourrisson se divise ainsi :

- 45 à 50 pour cent de sommeil paradoxal,
- 10 à 15 pour cent de sommeil transitionnel,
- 35 à 45 pour cent de sommeil lent.

La forte proportion de sommeil paradoxal dans la petite enfance décroît graduellement pour atteindre des niveaux adultes vers l'âge de deux ou trois ans.

En observant votre bébé, vous pouvez reconnaître lorsqu'il est en phase de sommeil paradoxal. Ses paupières peuvent être entrouvertes, ses yeux bougent à l'unisson, sa respiration devient irrégulière. Son visage exhibe des tics, des grimaces, des sourires et son corps se contorsionne alors qu'il change de position.

Le bébé passe plus souvent d'une phase de sommeil à l'autre

Au cours des premiers mois, le nourrisson a non seulement un pourcentage de sommeil paradoxal plus important, mais les quatre stades de sommeil lent ne sont pas encore bien développés. Par conséquent, une bonne partie du sommeil d'un très jeune bébé est plutôt de type transitionnel ou intermédiaire. Vers l'âge de trois mois, les stades trois et quatre du sommeil lent sont mieux définis.

Le bébé a des cycles de sommeil plus courts

Un cycle de sommeil représente l'ensemble du temps nécessaire pour traverser une phase de sommeil paradoxal et une phase de sommeil lent. L'adulte a des cycles de sommeil d'une durée moyenne de quatre-vingt-dix minutes et le sommeil paradoxal survient environ quatre fois au cours de la nuit. Chez le nourrisson, le cycle de sommeil est plus court et le sommeil paradoxal survient plus fréquemment, toutes

les cinquante à soixante minutes. Un nourrisson peut donc avoir près de deux fois plus de phases de sommeil paradoxal qu'un adulte au cours d'une même période. Puisqu'il est plus facile de se réveiller au moment de passer du sommeil lent au sommeil paradoxal, il y a donc plus de périodes critiques où le nourrisson est susceptible de se réveiller la nuit.

Le bébé ne s'endort pas de la même façon

Lorsqu'un adulte s'endort, il entre rapidement dans un sommeil lent sans passer par une période initiale de sommeil paradoxal. L'adulte peut « s'écraser » assez facilement. Ce n'est pas le cas du nourrisson qui s'endort habituellement en passant d'abord par une phase de sommeil paradoxal qui dure environ vingt minutes. Il entre ensuite dans une phase de sommeil transitionnel, suivie d'une phase de sommeil calme ou lent. Si un stimulus quelconque (comme un bruit inhabituel) se produit durant cette phase paradoxale initiale ou même au cours de la phase transitionnelle, le bébé se réveillera plus facilement, car il n'a pas encore atteint la phase de sommeil calme. C'est ce qui explique que certains bébés s'endorment difficilement ou qu'il faille attendre qu'ils soient profondément endormis avant de les déposer. À mesure que les bébés grandissent, ils peuvent passer directement de l'état de veille à la phase de sommeil calme, sans traverser une longue période de sommeil actif. Ils se calment plus rapidement et peuvent être déposés pour s'endormir. L'âge où le bébé passe directement de l'état de veille au sommeil profond varie d'un bébé à l'autre. Des études ont démontré que certains nourrissons franchissent cette étape dès l'âge de trois mois.

Les parents peuvent tirer une leçon importante du fait que les nouveau-nés s'endorment en passant par la phase paradoxale. Le nourrisson devrait **être accompagné par ses parents** dans le sommeil et non pas être simplement déposé et laissé seul. Puisque le nourrisson se réveille plus facilement lorsqu'il est en phase de sommeil paradoxal, il a besoin d'être accompagné avec douceur, pendant cette phase initiale, jusqu'à ce qu'il tombe en état de sommeil profond. De même, lorsqu'un bébé se réveille au cours d'une période subséquente de sommeil paradoxal, il peut être à nouveau dorloté jusqu'à ce qu'il retombe dans un sommeil profond.

Le bébé n'a aucune notion du jour et de la nuit

Chez l'adulte, l'éveil est habituellement associé au jour et le sommeil à la nuit, car c'est ainsi qu'il a été conditionné. Le très jeune bébé ne peut entreprendre ce conditionnement avant l'âge de trois mois, au moment où il est plus éveillé le jour et dort plus longtemps la nuit. Les parents doivent donc organiser leur mode de vie et leurs habitudes de sommeil en fonction de leur bébé. Ainsi, on conseille à la mère de faire une sieste le jour lorsque son bébé dort.

Comment le bébé « moyen » commence à faire ses nuits

« Faire ses nuits » signifie s'endormir facilement et rester endormi, c'est-à-dire dormir toute la nuit. L'âge auquel le bébé s'endort facilement et le nombre d'heures pendant lesquelles il est capable de dormir sans interruption varient énormément d'un bébé à l'autre. Dans les études sur le sommeil, on considère qu'un bébé fait ses nuits lorsqu'il dort d'un sommeil ininterrompu de minuit à cinq heures du matin. Par conséquent, il est tout à fait irréaliste de s'attendre à ce qu'un bébé dorme sans interruption à partir de vingt heures le soir jusqu'à huit heures le matin. Si votre bébé dort pendant de longues périodes la nuit, considérez cela comme une chance plutôt qu'un droit.

Au cours des premiers mois, la plupart des bébés dorment quatorze à dix-huit heures par jour, sans tenir compte du jour et de la nuit. Les habitudes de sommeil du bébé ressemblent à son mode d'alimentation : de **petits repas fréquents** et de **courtes siestes fréquentes**. La plupart des nouveau-nés dorment rarement plus de trois ou quatre heures d'affilée sans se réveiller pour une tétée. Vers l'âge de quatre mois, le nombre total d'heures de sommeil diminue très légèrement, mais l'organisation du sommeil s'améliore. Le bébé demeure éveillé pendant de plus longues périodes. Ses épisodes de sommeil se prolongent et diminuent en nombre. Son cerveau améliore sa capacité à occulter les stimuli risquant de le réveiller et la proportion de sommeil augmente graduellement. À cet âge, le bébé a généralement acquis une certaine notion du jour et de la nuit. Au début, la période de sommeil la plus longue ne survient pas nécessairement la nuit, mais, vers l'âge de trois ou quatre mois, la plupart des bébés récompensent leurs parents en ayant leur période de sommeil la plus longue durant la nuit. Dans une étude portant sur un nombre important de nourrissons, 70 pour cent d'entre eux faisaient leurs nuits (de minuit à cinq heures du matin) à l'âge de trois mois et 13 pour cent, à six mois (Moore, 1957). Dix pour cent des bébés étudiés ne pouvaient dormir sans interruption au cours de leur première année de vie. De plus, la moitié de ceux qui parvenaient à faire leurs nuits vers l'âge de six mois continuaient à se réveiller de temps à autre.

Le sommeil du bébé évolue vers la maturation à mesure qu'il grandit. Le nombre total d'heures de sommeil diminue progressivement, la proportion de sommeil actif décroît, celle du sommeil calme augmente et les cycles de sommeil s'allongent. Ceci signifie que les périodes critiques durant lesquelles le bébé risque de se réveiller sont moins nombreuses. Le moment à partir duquel le bébé fera ses nuits semble relever davantage du hasard. Si un **stimulus d'éveil** se produit durant la période critique, le bébé se réveillera. S'il survient au cours d'une phase de sommeil plus profond, le bébé risque moins de se réveiller. À mesure qu'ils grandissent, certains bébés ne dorment pas mieux, car les stimuli d'éveil s'accroissent également : dentition, rhume, otite, anxiété de la séparation, etc.

Même si le sommeil est mieux organisé vers l'âge d'un an, l'enfant peut éprouver, entre un an et trois ans, des difficultés à dormir à cause de troubles affectifs. Certains enfants s'endorment facilement et restent endormis. D'autres s'endorment difficilement mais demeurent endormis. D'autres encore s'endorment facilement, mais se réveillent tout aussi facilement. Finalement, il y a cette catégorie d'enfants épuisants qui ne veulent ni s'endormir, ni rester endormis. La peur, l'anxiété de la séparation, les rêves troublants et les cauchemars sont les principaux stimuli d'éveil chez l'enfant d'un à trois ans.

Pour survivre et se développer

Le sommeil du nourrisson diffère de celui de l'adulte pour plusieurs raisons majeures. Au cours des premiers mois de sa vie, les besoins du nourrisson sont intenses, mais sa capacité de les communiquer est limitée. Si le bébé dormait aussi longtemps et profondément que l'adulte, il ne pourrait peut-être pas se réveiller s'il avait faim et besoin de manger, s'il avait froid et besoin d'être réchauffé, si son nez était obstrué et sa respiration devenait plus difficile. Je suis convaincu que le nourrisson a un sommeil « infantile » afin de pouvoir communiquer plus facilement ses besoins vitaux.

Outre cet avantage pour la survie, la prédominance de sommeil léger chez le très jeune bébé au cours des premiers mois **favorise son développement**. J'ai mentionné précédemment que le sommeil léger joue un rôle important dans le développement du cerveau du bébé. Lorsque votre bébé se réveille la nuit, que vous êtes fatiguée et de mauvaise humeur, rappelez-vous qu'il fait ce qu'il faut pour grandir et parvenir à maturité. Un jour, dans mon bureau, j'expliquais tout ceci à la mère d'un bébé qui se réveillait souvent la nuit. Après avoir écouté attentivement, elle a conclu : « Dans ce cas, mon bébé sera certainement très intelligent ! »

RÉFÉRENCES

Corner, M.A. 1980. Does REM sleep play a role in brain development? *Prog Brain Res*, 53:347.

Dement, W.C. 1972. *Some Must Watch While Some Must Sleep*. San Francisco: W. H. Freeman and Co.

Freemon, F. R., *Sleep Research: A Critical Review*. Springfield, IL: Charles C. Thomas.

Moore, T. and Ucko, L. 1957. Night-waking in early infancy. *Arch Dis Child* 32:333.

Rahilly, P.M. 1980. The effects of sleep state and feeling on cranial blood flow of the human neonate. *Arch Dis Child* 55:265.

Roffwarg, F.R. et al. 1966. Ontogenetic development of the human sleep-dream cycle. *Science* 15:604.

Chapitre 3

Où devrait dormir le bébé ?

« Est-ce bien de laisser le bébé dormir dans notre lit ? »

Voilà une question que me posent souvent les nouveaux parents. Laissez-moi vous dire dès maintenant que l'endroit où vous trois (mère, père et bébé) dormez le mieux et où vous vous sentez bien est l'arrangement idéal pour votre famille. Dans notre famille, nous avons pratiqué avec nos bébés le sommeil partagé, connu également sous le nom de lit familial, et c'est cet arrangement que je recommande à mes clients. Il donne de bons résultats dans la plupart des familles, la plupart du temps. Ce chapitre est principalement consacré au concept du lit familial, car il est, selon moi, l'un des aspects les plus importants de l'art parental pratiqué la nuit. En fait, je préfère utiliser l'expression **sommeil partagé** lorsque je traite de ce concept. Pendant la première année de vie du bébé, la mère et son enfant ne partagent pas simplement le même espace dans le lit familial ; ils partagent également les mêmes habitudes de sommeil.

Le sommeil partagé peut se traduire par divers arrangements selon les familles. Cela peut signifier que le bébé dort dans votre lit, ou dans son lit placé à côté du vôtre, tel un side-car. Si votre enfant est plus âgé, cela peut vouloir dire le coucher sur un matelas à terre près de votre lit. Pour bien des familles, le sommeil partagé sera une combinaison de tous ces arrangements.

Le sommeil partagé est plus qu'une simple décision quant au lieu où dormira le bébé. C'est la preuve qu'on accepte l'enfant comme un petit individu qui a de grands besoins. Le bébé a confiance que ses parents seront continuellement disponibles durant la nuit, tout comme ils le sont durant le jour. Le sommeil partagé signifie également que vous écoutez votre instinct en ce qui a trait aux soins à donner à votre enfant plutôt que d'accepter sans dire un mot les normes de la société. Le fait d'accepter que votre bébé a des besoins vous aide à reconnaître que vous ne le gâtez pas et que vous ne le laissez pas vous manipuler lorsque vous lui permettez de dormir avec vous.

Le sommeil partagé développe l'intuition maternelle

Dans une lettre qu'elle m'a envoyée, une mère a décrit ainsi son cheminement vers un sommeil harmonieux :

Après la naissance de mon premier bébé, j'ai vécu une expérience à laquelle je n'étais aucunement préparée : la dépression post-partum. J'étais tellement tendue et stressée de me voir subitement devenir mère que j'avais parfois peur de mon bébé. Cette tension était exacerbée par la pensée d'avoir à retourner bientôt sur le marché du travail. J'avais le sentiment de devoir abandonner mon bébé.

Tous ces doutes et toutes ces incertitudes se sont manifestés lors d'un épisode d'insomnie qui a duré quatre jours. Je déposais mon bébé dans sa couchette pour la nuit, j'allais me coucher en priant que je dorme un peu avant qu'elle ne se réveille pour la prochaine tétée. C'était une erreur. Pendant que je m'efforçais de relaxer, j'avais conscience de tous ses mouvements, ses gargouillements et ses soupirs dans la chambre d'à côté.

Lorsque je vous ai téléphoné, j'avais désespérément besoin d'aide. Vous m'avez suggéré de la prendre avec moi la nuit dans mon lit. C'est ce que j'ai essayé et, même si j'étais relativement nerveuse au début (ayant peur de rouler sur elle), j'ai été rapidement capable de me détendre et de dormir quand elle était à mes côtés.

Le fait de pratiquer le lit familial nous a sûrement aidées, ma fille et moi, à nous rapprocher l'une de l'autre. Le fait de passer la nuit ensemble, de la tenir dans mes bras et de l'allaiter dès son réveil m'a rassurée sur mes capacités à la materner durant le jour. De plus, comme le dit mon conjoint, y a-t-il une meilleure façon de commencer la journée que de se réveiller et de voir à ses côtés son amoureux et son enfant?

Les avantages du sommeil partagé

Le bébé dort mieux

Le sommeil partagé aide le bébé à organiser son sommeil. Au chapitre précédent, j'ai expliqué comment le bébé traverse des périodes critiques où il risque de se réveiller lorsqu'il passe du sommeil profond ou calme au sommeil léger ou actif. Ces périodes critiques peuvent survenir aussi souvent qu'à toutes les heures au cours de la nuit. Le bébé qui dort avec une personne familière et fiable passe plus facilement et avec moins d'anxiété d'une phase de sommeil à l'autre. Lorsque le bébé est à demi éveillé pendant ces périodes critiques, la personne à qui il est attaché et avec qui il partage son sommeil l'aidera à se rendormir avant qu'il ne soit tout à fait réveillé. Un **objet d'attachement** tel une poupée, un ourson ou une vieille couverture en lambeaux remplira la même fonction chez l'enfant plus grand. Le tout jeune bébé, lui, a besoin d'une **personne d'attachement**, habituellement sa mère.

Aux yeux d'un tout jeune bébé, sa mère cesse d'exister dès qu'elle est hors de son champ de vision. À ce stade, le bébé ne possède pas encore la notion de **permanence de l'objet**. S'il ne voit pas sa mère au moment où il se réveille, il ne peut comprendre qu'elle est simplement dans la pièce d'à côté. Ce n'est qu'après l'âge d'un an environ que le bébé parvient à acquérir cette notion de permanence de l'objet. Le bébé qui peut compter sur une figure d'attachement familière durant la nuit est certain que sa mère n'est pas partie.

Le nouveau-né est déjà habitué à dormir avec sa mère depuis neuf mois. Bien à l'abri et au chaud, il a grandi au rythme familier de sa respiration et des battements de son cœur. Le fait que le bébé naisse « tout à coup » ne signifie pas que tout doit changer

Je me souviens qu'il m'arrivait de me réveiller le matin et de contempler le visage satisfait de notre « belle au bois dormant » de neuf mois. Je pouvais identifier le moment où elle émergeait du sommeil profond pour entrer en phase de sommeil léger. Quand elle franchissait la période critique où elle était susceptible de se réveiller, elle nous cherchait, sa mère ou moi. Lorsqu'elle touchait l'un de nous deux, son visage rayonnait de satisfaction, elle n'ouvrait pas les yeux et continuait de dormir. Par contre, si elle ne réussissait pas à nous toucher, elle se réveillait souvent.

La mère dort mieux

Cette affirmation peut paraître surprenante, mais il n'y a pas que le bébé qui dort mieux dans le lit familial, la plupart des parents également, la mère certainement. Le bébé n'est pas le seul à ressentir l'anxiété de la séparation durant la nuit. La nouvelle mère vit aussi cette forme d'anxiété lorsque son bébé n'est pas à proximité. Elle reste éveillée et se demande si son bébé va bien. Plus elle est loin de son bébé, plus elle s'inquiète.

Vivre en harmonie avec votre bébé le jour constitue un aspect important de l'art parental favorisant l'attachement. Cette harmonie se poursuivra la nuit avec le sommeil partagé. La proximité physique permet à la mère et à son bébé de partager les mêmes cycles de sommeil; leurs horloges internes sont désormais synchronisées. Lorsque le bébé se réveille durant une période critique, il y a de bonnes chances que sa mère soit dans une phase de sommeil léger. Elle peut aider son bébé à se rendormir sans que son propre sommeil n'en souffre sérieusement. Harmoniser votre sommeil à celui de votre bébé peut prendre un certain temps, mais les mères qui ont réussi à le faire affirment qu'elles se sentent reposées. La mère doit d'abord réapprendre à dormir comme un bébé afin d'aider son bébé à dormir comme un adulte.

Lorsqu'il n'y a pas d'harmonie dans le sommeil, être parent la nuit devient une corvée. Se faire réveiller d'un profond sommeil pour s'occuper d'un bébé en pleurs et affamé rend le rôle des parents la nuit fort peu attrayant et épuise la mère, le père et le bébé.

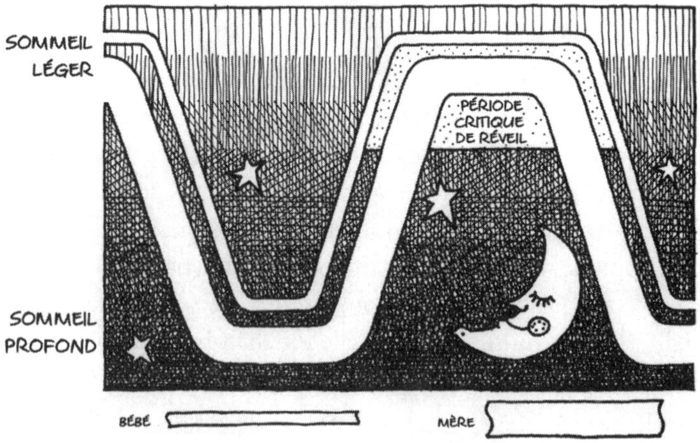

La mère qui allaite et son bébé ont des cycles de sommeil similaires.

Pourquoi mon bébé ne fait-il pas ses nuits ?

Notre petite fille de trois mois n'a jamais fait ses nuits. Je ne m'en souciais pas au début parce que je me disais qu'elle les ferait vers trois mois, comme c'était écrit dans les livres. Elle s'endort facilement vers vingt heures, mais, par la suite, tout est à recommencer. Elle se réveille toutes les deux heures. Je vais dans sa chambre, je l'allaite, je la couche. Elle se réveille parfois à nouveau au bout de quelques minutes, d'une heure ou deux. Je passe mes nuits entières à me lever et à me recoucher, comme un vrai yo-yo. Mon mari change de pièce et va dormir sur le divan, ce qui affecte notre relation de couple, du moins pendant la nuit. Les bébés de mes amies font leurs nuits. Ai-je fait quelque chose de travers ?

Il est vrai que de nombreux bébés organisent leur sommeil vers l'âge de trois ou quatre mois et commencent à récompenser leurs parents en dormant plus longtemps sans interruption la nuit. Vous avez un bébé qui n'a pas atteint cette étape à l'âge habituel. Ce n'est pas parce que vous faites quelque chose de travers et vous ne saurez probablement jamais pourquoi elle ne peut pas encore dormir seule. Il ne s'agit pas ici de savoir pourquoi votre bébé se comporte ainsi, mais plutôt comment vous allez réagir. Votre bébé vous transmet un message clair : « Je ne peux pas dormir seule. » La solution est très simple : prenez-la dans votre lit. Vous pouvez l'installer dans votre lit soit lorsqu'elle s'endort au début de la nuit ou après qu'elle se soit réveillée la première fois. En dormant avec votre bébé, vous calmerez son anxiété et vos cycles de sommeil s'harmoniseront aux siens. Votre bébé se réveillera probablement moins souvent si elle dort avec vous et elle apprendra avec le temps à se réveiller durant votre sommeil léger plutôt que pendant votre sommeil profond, ce qui vous empêche de vous reposer. Si votre bébé continue de téter souvent la nuit, vous constaterez que vous pouvez allaiter sans avoir besoin de vous réveiller complètement. Un tel arrangement exigera sans doute de la famille plusieurs semaines d'adaptation. Il est plus difficile de résoudre un problème que de le prévenir .

Il est plus facile d'allaiter

Lorsque les cycles de sommeil de la mère et du bébé sont harmonisés, il est moins fatigant d'allaiter la nuit. En général, les mères trouvent qu'il est plus facile de se tourner dans le lit pour donner le sein plutôt que de se lever, d'aller dans une autre pièce, d'allumer la lumière, de prendre un bébé qui pleure, de s'installer dans la chaise berçante et de l'allaiter. Tous deux, la mère et le bébé sont alors complètement réveillés. Allaiter dans le lit familial répond aux besoins du couple formé par l'allaitement sans que ni le bébé ni la mère n'ait besoin de se réveiller vraiment.

J'ai souvent l'occasion de recueillir des témoignages sur l'harmonie qui se développe entre la mère qui allaite et son bébé qui dort avec elle. Ces mères constatent que leur sommeil devient plus léger et qu'elles se réveillent une trentaine de secondes avant que leur bébé ne se réveille pour téter. Le fait d'anticiper ainsi la tétée permet habituellement à la mère de commencer à allaiter juste au moment où le bébé s'agite, à la recherche du mamelon. Le bébé n'a donc pas à se réveiller tout à fait et retombe dans un sommeil profond immédiatement après avoir tété.

Le taux de prolactine augmente

La prolactine, surnommée « l'hormone maternelle », est probablement le facteur chimique de l'intuition maternelle. Le taux de prolactine

Le choix de la maman paresseuse

Nous avons trois enfants et j'aime bien pouvoir dormir la nuit. Nous avons adopté un arrangement que je qualifie de « choix de la maman paresseuse ». Je voulais satisfaire les besoins de mon bébé tout en sacrifiant le moins de sommeil possible. J'ai donc couché le bébé dans notre lit. Je pouvais ainsi l'atteindre plus rapidement et l'allaiter avant qu'il ne réveille tout le monde par ses hurlements. De cette façon, il pouvait se rendormir plus rapidement et moi de même. Lorsqu'il a grandi (et qu'il a commencé à gigoter davantage), nous avons placé un matelas par terre près de notre lit. Pour l'endormir, je l'allaitais sur ce matelas et, lorsqu'il se réveillait la nuit, je me glissais hors du lit, l'allaitais et grimpais à nouveau dans mon lit.

augmente en réponse à la stimulation du mamelon. Il augmente également durant le sommeil et lorsqu'une personne vit une situation de stress. Un taux de prolactine élevé peut aider la mère qui allaite à se sentir calme et plus ouverte aux demandes de son nourrisson et ce, jour et nuit. Allaiter le bébé tout en dormant avec lui la nuit et lors des siestes stimule la production de prolactine qui combat le stress associé au fait de répondre aux besoins d'un bébé. Materner stimule encore davantage à materner, du moment que vous n'y résistez pas.

J'ai pu observer un phénomène extrêmement intéressant chez les mères qui dorment avec leur bébé, particulièrement chez celles qui ont des bébés aux besoins intenses. Ces mères me disent que, à mesure que le temps passe, elles semblent avoir besoin de moins de sommeil et se sentent plus reposées, même si leur bébé continue de se réveiller et de téter fréquemment durant la nuit. Le seuil de tolérance maternelle semble s'élever. Je me demande si cette situation ne serait pas imputable à une augmentation du taux de prolactine (que j'appelle également l'hormone de la persévérance) chez ces mères. Un taux plus élevé de prolactine peut vous aider à harmoniser votre sommeil à celui de votre bébé.

Le sommeil partagé augmente le contact physique

La peau étant le plus grand organe du corps humain, la stimulation ou le manque de stimulation tactile peut avoir un effet important sur le développement du bébé. Dans son livre *La peau et le toucher*, le docteur Ashley Montagu affirme de façon convaincante que la stimulation tactile est bénéfique pour le bébé tant sur les plans physique, émotif qu'intellectuel. Le surcroît de contact physique dont profite le bébé lorsqu'il dort avec ses parents a définitivement un effet bénéfique sur son développement. Je crois que les nourrissons qui dorment avec leur mère grandissent mieux. Un des plus anciens traitements contre le gain de poids lent chez le bébé consistait à dire à la mère : « Couchez-vous avec votre bébé et allaitez-le. » En pareil cas, il s'avère difficile de déterminer la part de croissance due à la nourriture supplémentaire et celle qui est due au contact physique additionnel. À mon avis, les bébés profitent mieux lorsqu'ils dorment avec leurs parents grâce à une heureuse combinaison de l'apport nutritionnel et sensoriel.

Des nuits calmes

Je viens d'accoucher de mon troisième enfant et ce n'est que maintenant que je réalise pleinement à quel point le lit familial est une solution formidable et combien il est plus facile de bien dormir avec le bébé. Alors qu'il n'avait que trois heures, je l'ai mis au lit avec moi et il a dormi cinq heures d'affilée. Moi, je n'en ai dormi que deux. J'étais si euphorique après l'accouchement que je n'en finissais pas de contempler mon bébé. Le contact peau à peau l'avait tant apaisé qu'il s'était profondément endormi. Il a maintenant six semaines et a toujours une période de sommeil ininterrompu d'une durée de cinq ou six heures. Il ne pleure jamais durant la nuit, car dès que je l'entends bouger, je m'en occupe. Ses besoins nocturnes sont donc comblés dès l'instant où ils se manifestent. S'il devient agité durant la nuit, je place ma main sur son ventre ; cela le détend et il se rendort.

Ma grand-mère a eu dix enfants. J'ai appris récemment qu'à la naissance d'un bébé, elle dormait avec celui-ci pendant que mon grand-père dormait dans un autre lit avec l'avant-dernier né.

L'enfant dort mieux

Au cours du sondage que j'ai réalisé sur les problèmes de sommeil, la plupart des parents ont mentionné que leurs enfants dormaient mieux lorsqu'ils partageaient leur sommeil. Ils se réveillaient moins souvent, faisaient moins de cauchemars et étaient moins perturbés la nuit. Le sommeil partagé aide les enfants à développer une attitude saine vis-à-vis du sommeil. Ils apprennent à envisager le sommeil comme un moment agréable, une période d'intimité. Ils respirent le bien-être parce que les principes de l'art parental favorisant l'attachement appliqués durant le jour le sont également la nuit. Les enfants qui dorment seuls (particulièrement ceux qui ne veulent pas dormir seuls) grandissent souvent avec l'idée que le sommeil est un moment épouvantable, une période de séparation. Une mère m'a confié qu'elle faisait encore fréquemment des cauchemars et qu'elle se rappelait toujours la peur de dormir qu'elle éprouvait quand elle était enfant. C'est pour cette raison qu'elle a accueilli volontiers son bébé dans son lit, afin qu'il « ne grandisse pas en ayant peur de dormir, comme moi ».

Il n'est pas anormal ou inusité que des enfants plus grands dorment avec leurs parents, c'est simplement « non culturel ». Une mère m'a dit un jour : « Lorsque notre enfant de cinq ans vient nous demander de passer la nuit avec nous, nous interprétons ce désir comme un signe de grand stress et nous lui ouvrons la porte de notre chambre à coucher. » Il est courant et tout à fait normal pour les enfants de passer, à l'occasion, une nuit ou une partie de la nuit dans la chambre de leurs parents pour faire le plein de sécurité et de réconfort.

Le fait d'accueillir affectueusement votre enfant dans le lit ou la chambre à coucher familiale (et non simplement y tolérer sa présence) lui fait savoir : « Pour nous, tu es unique. Nous nous soucions de ton bien-être autant la nuit que le jour. » Par conséquent, le sommeil partagé favorise l'éclosion d'un sentiment de bien-être chez l'enfant. Un enfant qui se sent bien dans sa peau a plus de chances de bien se comporter. Le sommeil partagé est particulièrement bénéfique si votre enfant et vous avez connu une de ces journées où vous avez été « à couteaux tirés » sans jamais réussir à vous entendre. En vous occupant de votre enfant à l'heure du coucher et en l'accueillant dans votre lit pour la nuit, vous pourrez au moins terminer cette journée sur une bonne note.

« Brasser la cage »

À plusieurs reprises durant la nuit, notre enfant de deux ans nous réveille. Lorsque j'arrive dans sa chambre, il est debout dans son lit et secoue les barreaux. Il réussit même parfois à enjamber le côté de son lit et à descendre par terre. Je ne peux le remettre dans son lit sans qu'il ne proteste avec véhémence, ce qui nous met en colère tous les deux et nous réveille tout à fait.

Si vous êtes attentive aux indices de votre enfant, vous constaterez qu'il secoue les barreaux de son lit parce qu'il n'aime pas y être enfermé, soit parce qu'il n'aime pas être en cage ou qu'il ne veut pas être seul. Quoique cela puisse paraître ridicule, vous avez alors deux possibilités : vous dormez avec lui dans sa cage (à ma connaissance, il n'existe pas de couchettes très grand format) ou vous trouvez un autre arrangement pour la nuit qui permet à votre enfant de sortir de sa couchette.

Certains enfants de deux ans sont prêts à dormir dans un lit ordinaire, mais si vous croyez que votre enfant est trop agité et risque de tomber, vous pouvez simplement placer un matelas par terre. S'il en tombe, il ne risque pas de se blesser. S'il se réveille encore après que vous l'ayez installé dans ce nouveau lit, il se peut que ce soit parce qu'il veut dormir avec vous. Dans ce cas, accueillez-le dans votre lit, placez son matelas près de votre lit ou déplacez la couchette dans votre chambre. Quel que soit l'arrangement, l'important est qu'il vous permette à tous, parents et enfant, d'en retirer le maximum de sommeil.

Certains conseillers recommandent parfois de placer un filet au-dessus du lit du bébé afin de l'empêcher d'en sortir. Ne suivez pas ce conseil. La cage dans laquelle se trouve votre bébé n'en sera que plus effrayante et détestable à ses yeux et vous ne réglerez pas le problème à sa source. Forcer votre enfant à rester dans son lit alors qu'il vous fait clairement comprendre qu'il ne peut y dormir seul mène habituellement à une lutte de pouvoir interminable où personne ne gagne. Pour un instant, essayez de vous mettre à la place de votre enfant. Aimeriez-vous vous réveiller seule dans une pièce obscure, entourée de barreaux et sous un filet dont il vous serait impossible de vous évader ?

Endormi sur le pas de la porte

Parfois, lorsque nous nous levons le matin, nous trouvons notre enfant de deux ans, endormi sur le plancher, à la porte de notre chambre.

La réponse est simple : ouvrez la porte et laissez entrer votre enfant. L'enfant développe généralement la notion de permanence de l'objet vers l'âge de dix-huit mois. Même s'il ne peut voir ses parents, il sait qu'ils existent et comment les trouver. Dans la situation présente, le message que vous transmet votre enfant est clair : il ne peut pas ou ne veut pas dormir seul, mais n'ose pas faire irruption dans votre chambre en pleine nuit. Acceptez donc ce message pour ce qu'il signifie vraiment : votre enfant veut dormir dans votre chambre.

Le père en profite aussi

Bien que cela puisse paraître étonnant à plusieurs d'entre eux, même les pères retirent des avantages à dormir avec leur bébé. Une fois qu'ils se sont habitués à cette pratique, bien des pères admettent se sentir plus près de leur bébé. On traitera au chapitre 9 des sentiments du père et de son rôle pendant la nuit.

Un moyen naturel d'espacer les grossesses

Un jour, j'ai mentionné à un père de famille nombreuse que lorsque les mères dorment avec leur bébé, les enfants sont plus espacés. « Bien sûr, m'a-t-il répondu, la mère est trop fatiguée pour faire autre chose que dormir. » Ce n'est pas vraiment pour cette raison que le sommeil partagé espace les grossesses. La plupart des études sur le sujet démontrent que l'allaitement est un contraceptif naturel chez environ 98 pour cent des mères pendant les six premiers mois après l'accouchement, pourvu que certaines règles soient respectées. L'allaitement est un moyen de contraception efficace tant que la mère peut répondre « non » aux questions suivantes :

1. Vos menstruations sont-elles revenues ?

2. Donnez-vous régulièrement un supplément à votre enfant ou passez-vous de longues périodes sans allaiter, durant le jour (plus de quatre heures) ou durant la nuit (plus de six heures) ?
3. Votre bébé est-il âgé de plus de 6 mois ?

Notez l'importance d'allaiter la nuit pour maintenir l'infertilité de la femme. L'allaitement de nuit est plus efficace comme contraceptif lorsque la mère et son bébé dorment ensemble. Les mères qui dorment avec leur bébé et allaitent souvent durant la nuit peuvent en général compter sur plus de six mois de contraception naturelle. Consultez le chapitre 10 pour en savoir plus sur les effets contraceptifs de l'allaitement.

Les effets à long terme du sommeil partagé

Mon bébé sera-t-il un enfant plus heureux et plus intelligent si je dors avec lui ? Plusieurs facteurs contribuent à la croissance et au développement de l'enfant. Toutefois, les psychologues s'entendent pour affirmer que la quantité et la qualité de soins maternels que reçoit l'enfant exercent une influence sur son développement émotif et intellectuel. Pratiquer l'art parental favorisant l'attachement la nuit tout comme le jour a certes des effets à long terme sur l'enfant.

L'un de ces effets se manifeste sur la qualité de l'intimité. De nombreux psychologues et conseillers matrimoniaux signalent que les adolescents et les adultes d'aujourd'hui ont souvent de la difficulté à établir d'authentiques relations intimes avec une autre personne. Les oursons de peluche et les biberons nous ont aidés à élever une génération de personnes attachées avant tout à des biens matériels. Le sommeil partagé apprend à l'enfant à se sentir confortable lorsqu'il est en contact physique avec une personne ; il ne remplace pas les personnes par des objets. Un besoin d'intimité qui n'a pas été comblé pendant la petite enfance ne disparaît jamais entièrement ; il réapparaît plus tard. Les psychologues sont d'avis que les frayeurs et les problèmes de sommeil chez de nombreux adultes peuvent souvent être reliés à des troubles du sommeil non résolus durant la petite enfance.

De bons souvenirs

L'un des cadeaux les plus précieux que vous puissiez donner à votre enfant est une mémoire remplie de tendres souvenirs d'attachement. Quel merveilleux souvenir pour l'enfant de se rappeler comment il

Souvenirs sur le sommeil

Un chef de tribu d'Afrique de l'Est, âgé de quatre-vingts ans, s'exprimait en ces termes :

Mes premières années de vie sont liées au souvenir de ma mère. Au début, elle était toujours là. Je peux me rappeler la sensation réconfortante de son corps alors qu'elle me portait dans son dos et l'odeur de sa peau sous le soleil chaud. Tout me venait d'elle. Quand j'avais faim ou soif, elle me ramenait sur le devant où je pouvais atteindre ses seins remplis de lait. Maintenant, quand je ferme les yeux, j'éprouve encore avec gratitude la sensation de bien-être qui m'envahissait lorsque j'enfouissais la tête dans leur rondeur moelleuse et que je buvais leur lait sucré. La nuit, quand il n'y avait plus de soleil pour me réchauffer, ses bras et son corps m'enveloppaient. Comme je grandissais et m'intéressais au monde autour de moi, je pouvais observer sans crainte ce qui se passait du haut de mon perchoir dans son dos et lorsque le sommeil me gagnait, je n'avais qu'à fermer les yeux. (Montagu, 1978)

s'endormait le soir dans les bras de son père ou de sa mère, ou comment il se réveillait le matin, entouré de ceux qu'il aimait plutôt que seul dans une chambre, enfermé dans une cage de bois à regarder à travers les barreaux. Je me rappellerai toujours l'humeur joyeuse de mes enfants à leur réveil. Chaque fois que je contemplais le visage satisfait de mon bébé endormi à mes côtés, il semblait dire : « Merci, papa et maman de me garder près de vous. » Les souvenirs d'enfance durent toute la vie.

Pourquoi les parents hésitent-ils ?

Malgré les avantages, certains parents hésitent à adopter le sommeil partagé comme partie intégrante de leur style parental. Si vous doutez vous-même, l'information qui suit pourra dissiper vos appréhensions.

L'influence de la société

N'est-ce pas inusité de dormir avec son bébé ? Que diront les gens ? En fait, c'est plutôt le contraire qui est vrai. Dans la plupart des cultures, dormir avec ses enfants est une pratique courante. Il en était également ainsi dans le monde occidental jusqu'au vingtième siècle, au moment où les mères ont commencé à perdre confiance en leur instinct maternel et à suivre les conseils de quelques experts influents mais qui étaient dans l'erreur. Encore de nos jours, des mères dorment avec leur bébé, mais hésitent à en parler à leur médecin ou à leurs proches.

Pour avoir une idée de la popularité du concept du sommeil partagé, il suffit de se mêler à un groupe de jeunes mères et de confier à l'une d'elles : « Mon bébé dort avec moi. » Votre interlocutrice jettera probablement un regard autour d'elle pour s'assurer que personne ne l'entend avant de vous répondre : « Mon bébé aussi, mais ne le dites à personne. »

Ces mères suivent leur instinct maternel, mais, à cause de tabous sociaux ridicules, elles se sentent mal à l'aise d'agir ainsi. Un sondage auprès d'un groupe de mères m'a permis d'identifier celles qui étaient ambivalentes face au concept du sommeil partagé. La plupart d'entre elles admettront que « tout au fond de moi, je crois que c'est une bonne chose, mais il y a tellement de gens qui me disent le contraire que je ne sais plus quoi penser ».

Chères mères, ne vous en faites plus : les statistiques sont de votre côté. La recherche que j'ai menée a révélé que trois mères sur quatre préfèrent dormir avec leur bébé. Depuis la première édition de cet ouvrage, le concept du sommeil partagé a grandi en popularité (ou est-ce le fait que les parents sont plus à l'aise d'admettre que leur bébé dort avec eux). Une étude menée auprès d'enfants de deux et de trois ans a révélé que la plupart des enfants dormaient dans le lit de leurs parents au moins occasionnellement et pour une partie de la nuit (Madansky et Edelbrock, 1990). Il est faux de croire que l'art parental favorisant l'attachement n'est pratiqué que par des groupes marginaux ou des fanatiques. En fait, des études révèlent un taux d'allaitement pouvant atteindre 80 pour cent chez les mères plus instruites provenant de milieux socio-économiques plus favorisés. Les mères qui allaitent représentent le groupe qui est le plus susceptible de dormir avec leur bébé.

L'avis du médecin

Les conseils émanant des professionnels de la santé constituent un autre obstacle. « Mon médecin m'a dit de ne pas laisser le bébé dormir dans notre lit ! » Les parents ne devraient pas avoir à demander la permission de leur médecin pour laisser leur enfant dormir avec eux. Qui plus est, le médecin ne devrait pas donner de réponse catégorique, ni dans un sens ni dans l'autre. Ce genre de conseil est un reliquat de l'époque où les nouvelles mères préféraient suivre l'avis du médecin plutôt que se fier à leur propre instinct. Les mères mettent les médecins sur la sellette lorsqu'elles leur demandent où devrait dormir leur bébé. Les médecins ont été formés pour poser des diagnostics et traiter les maladies et non sur l'art d'être de bons parents. La question de savoir où devrait dormir le bébé n'est pas une question d'ordre médical nécessitant un avis médical. Heureusement, les médecins tendent à devenir plus souples et moins autoritaires. Assurez-vous de choisir un médecin qui est à l'aise avec votre style parental. Lorsqu'il est question de l'attachement mère-enfant, vous devriez suivre votre propre instinct avant l'avis de quiconque. Cette autre personne n'a aucun lien biologique avec votre bébé.

De nombreuses nouvelles mamans hésitent à suivre leur propre instinct. Comme l'une d'elles m'a avoué : « Je ne pense pas avoir d'instinct. » Les mères d'aujourd'hui manquent de confiance en elles parce qu'elles n'ont aucun modèle parental favorisant l'attachement à imiter, que ce soit chez leurs propres parents ou parmi les autres mères. Pour obtenir de bons conseils sur l'art parental, il faut s'adresser à une mère expérimentée. Les mères de La Leche League International, un organisme qui fait la promotion du bon maternage par l'allaitement, sont, à mon avis, une excellente source d'information à ce sujet.

La dépendance

Combien de fois avez-vous entendu dire : « Le bébé risque d'y prendre goût. Il deviendra tellement dépendant qu'il ne voudra plus jamais quitter votre lit. » ? Oui, évidemment, le bébé y prendra goût. Y a-t-il une clause, quelque part dans le contrat parent-enfant, stipulant que le bébé ne doit pas aimer le lieu où il dort ? Il est vrai qu'il semblera temporairement dépendant et ne voudra pas quitter votre lit. C'est une conséquence naturelle du sentiment de bien-être. Lorsque vous êtes près de quelqu'un que vous aimez et avec qui vous vous sentez bien, pourquoi y renoncer ?

Vous n'encouragez pas votre bébé à être dépendant en dormant avec lui. Vous répondez plutôt à un de ses besoins fondamentaux et vous lui apprenez à faire confiance. En grandissant, votre enfant ne sera pas moins indépendant parce qu'il aura dormi dans votre lit. Selon mon expérience, les enfants qui ont eu libre accès au lit familial dans la petite enfance deviennent plus tard plus indépendants et confiants. Ils parviennent à l'étape de l'indépendance lorsqu'ils y sont prêts. L'indépendance en soi n'est pas l'un des objectifs les plus importants de notre rôle de parent. Ce n'est pas la responsabilité des parents de rendre l'enfant indépendant. Ils doivent plutôt créer un environnement sécurisant et favoriser l'éclosion d'un sentiment de bien-être, ce qui permettra à l'enfant de développer naturellement son indépendance.

Ceci nous ramène au concept du sevrage que nous avons abordé précédemment. Si le sevrage - du sein maternel ou du lit familial - a lieu au moment propice, l'enfant sera épanoui et non pas dépendant. L'enfant qui dort avec ses parents ou près d'eux s'intègre dans une suite naturelle : du ventre de sa mère, à son sein et à son lit. L'enfant qui est sevré de ces havres de sécurité avant qu'il n'y soit prêt risque de manifester des comportements indésirables, conséquences d'un sevrage

Témoignage de parents fatigués

La première nuit, à mon retour de l'hôpital, je ne pouvais me résoudre à laisser mon petit bébé sans défense, seul dans son nouveau lit. Son père et moi l'avons plutôt installé bien au chaud et en sécurité dans notre propre lit. Lorsqu'il se mettait à pleurer, je le prenais et je l'allaitais afin qu'il se sente bien. Il me semblait qu'il passait ses journées et ses nuits à téter, mais je ne m'en faisais pas parce que j'étais contente d'être près de lui, capable de satisfaire ses moindres besoins.

Plusieurs ont remarqué que notre bébé a toujours l'air heureux et satisfait. Je crois que c'est en partie grâce à deux facteurs fondamentaux : l'allaitement sur demande et le fait que le bébé dort dans notre lit.

J'ai hésité à dormir avec mon bébé jusqu'au jour où mon pédiatre m'a dit : « Faites ce que vous croyez être le mieux. » Cela m'a détendue et, à compter de ce jour, j'ai commencé à apprécier cet arrangement pour la nuit.

prématuré. Ces comportements, que j'appelle « les maladies du sevrage prématuré », comprennent l'agressivité, la colère, les crises, la dépression et le négativisme. Il est important de permettre à votre enfant d'atteindre la maturité au rythme qui vous convient à tous deux et non selon un calendrier préétabli, déterminé par les conseillers en soins aux enfants.

« Mais quand quittera-t-il notre lit ? » Dans le domaine des relations avec vos enfants, ignorez l'horloge et le calendrier. N'allez pas imposer des limites de temps à ces merveilleuses relations. Toute la question est de savoir comment votre enfant quittera votre lit et non quand il le quittera. Si vous n'établissez pas d'échéance, vous ne connaîtrez pas la frustration de voir vos attentes déçues. Mon expérience de médecin et de père m'a appris que la plupart des enfants accueillis dans le lit familial dans la petite enfance le quittent d'eux-mêmes, vers l'âge de deux ou trois ans. Il leur arrive d'y retourner périodiquement, en cas de stress ou de grand besoin. Rappelez-vous qu'un besoin comblé disparaît, même s'il peut persister un peu plus longtemps que prévu. Le sevrage peut se faire graduellement. Au lieu de passer directement de votre lit à sa chambre, votre enfant peut dormir, pendant un certain temps, sur son propre matelas ou dans un sac de couchage sur le plancher, près de votre lit ou dans la chambre d'un frère ou d'une sœur.

L'âge auquel l'enfant se sèvre du lit familial dépend de plusieurs facteurs, entre autres le désir des parents de « s'en débarrasser » et le degré de sensibilité de l'enfant à la séparation. Certains enfants aux besoins intenses réagissent mal à la séparation et n'auront aucunement envie de quitter la sécurité du lit familial. Une de mes petites patientes, une enfant aux besoins intenses, n'a pas été sevrée du sein maternel et du lit de ses parents avant l'âge de quatre ans. Elle a maintenant six ans et est devenue une enfant très indépendante, confiante et généreuse.

La crainte d'étouffer le bébé

Certaines mères craignent de rouler sur le bébé et de l'étouffer. Autrefois, la mort d'un bébé pendant son sommeil était souvent attribuée à la mère ou à la nourrice qui aurait écrasé le bébé. Les mères que j'ai interrogées à ce sujet m'ont expliqué qu'elles sont tellement conscientes, tant sur le plan physique que mental, de la présence de leur bébé et ce, même pendant leur sommeil, qu'il est hautement improbable qu'elles écrasent leur bébé.

Certains parents craignent que ce soit le père qui roule sur le bébé ou fasse un mouvement brusque et blesse le bébé. Il est vrai que le père est généralement moins sensible que la mère à la présence du bébé dans le lit. Pour dissiper ces craintes, il suffit de placer le bébé entre la mère et le mur ou une barrière de sécurité.

Il arrive encore à l'occasion qu'on rapporte la mort d'un bébé écrasé par un parent, mais il est extrêmement difficile d'en établir la preuve. Lors d'une tournée de conférences il y a quelques années, j'ai eu l'occasion de visiter la Nouvelle-Zélande où, grâce au système de déclaration obligatoire, les autorités sont en mesure d'obtenir de très bons comptes rendus sur les causes de décès des nourrissons. J'ai pu m'entretenir avec l'un des pédiatres de ce pays sur plusieurs cas de nourrissons morts par écrasement. Dans chaque cas, la situation familiale par rapport au sommeil semblait exceptionnelle. Les parents étaient intoxiqués ou plusieurs enfants étaient entassés dans un petit lit et un des enfants plus âgé avait écrasé le bébé. Bien que le risque d'écraser le bébé existe, il est rare que cela se produise et, si c'est le cas, c'est presque toujours dû à des habitudes de sommeil non sécuritaires. J'en ai conclu que la crainte d'étouffer le bébé ne devrait pas empêcher les parents de profiter des bienfaits du sommeil partagé. Par contre, il serait imprudent de dormir avec le bébé si l'un des parents voit ses facultés affaiblies par l'alcool ou les drogues. (Consultez la section suivante pour obtenir des conseils pour un sommeil partagé sécuritaire.)

Il est intéressant de noter que la crainte du syndrome de mort subite du nourrisson (SMSN) est occasionnellement invoquée comme une des raisons qui portent les mères à dormir avec leur bébé. L'une de ces mères m'a expliqué qu'elle tenait à être à côté de son bébé si jamais celui-ci éprouvait de la difficulté à respirer. S'il venait à mourir à ses côtés, elle aurait au moins l'assurance d'avoir tout tenté pour le sauver. S'il mourait dans une autre pièce, elle craignait d'être toujours rongée de remords : « Je n'étais pas là au moment où mon bébé avait besoin de moi, alors que j'aurais peut-être pu le sauver. » Le sommeil partagé peut réduire les risques de syndrome de mort subite. Pour en savoir plus long à ce sujet, consultez le chapitre 12.

Conseils pour un sommeil partagé sécuritaire

Quelques précautions suffisent pour assurer la sécurité de votre bébé dans le lit familial. En voici quelques-unes :

- Servez-vous d'une barrière de sécurité ou placez le lit contre le mur en plaçant le bébé entre le mur et la mère plutôt qu'entre les deux parents. Les mères sont en général plus conscientes, physiquement et mentalement, de la présence de leur bébé.
- Si vous utilisez une barrière de sécurité, assurez-vous qu'elle soit bien place contre le côté du matelas de sorte qu'il n'y ait aucun espace où pourrait glisser le bébé. Les barrières en treillis de plastique sont plus sécuritaires que celles en lattes, dans lesquelles le bébé peut se coincer un bras, une jambe ou même la tête.
- Si vous placez le lit contre le mur, assurez-vous qu'il n'y a aucun espace entre le matelas et le mur où pourrait glisser le bébé. La base de certains types de lit s'appuie sur le mur sans que le matelas ne soit appuyé. Les jeunes bébés peuvent glisser dans l'espace entre le matelas et le mur et suffoquer.
- Utilisez un grand lit, préférablement un très grand lit (king-size). Il est dangereux pour un bébé de dormir avec plusieurs personnes dans un lit trop petit. Ne laissez pas les frères ou sœurs aînés dormir avec un très jeune bébé. Les enfants ne sont pas aussi conscients de la présence du bébé que le sont les parents.

- Ne vous endormez pas avec votre bébé sur un canapé. Le bébé pourrait se trouver coincé entre vous et le dossier du canapé ou encore sa tête pourrait s'enfoncer dans les coussins ou dans les espaces entre les coussins.
- Ne dormez pas avec votre bébé sur un lit d'eau ne comportant pas de système anti-vague. Le visage du bébé pourrait s'enfoncer dans la dépression produite par sa tête ou son corps ou par le corps d'un parent. Les muscles de son cou ne sont pas encore assez forts pour lui permettre de relever la tête si elle est dans une surface creuse. Les interstices entre le matelas et la structure présentent également un risque, même sur les lits d'eau anti-vague. Assurez-vous de les combler.
- Ne dormez pas avec votre bébé si vous avez consommé de l'alcool ou toute autre drogue (comme des tranquillisants) qui réduit la conscience que vous avez de la présence de votre bébé. L'alcool et certains médicaments perturbent les cycles de sommeil et influent sur votre capacité de vous réveiller.
- Ne portez pas de lingerie avec des cordons de plus de 17,5 cm (7 po). Les bébés peuvent s'étrangler. Évitez également les bijoux pendants.
- Faites attention à ce que le bébé n'ait pas trop chaud. En raison de la proximité de vos corps, le bébé qui dort avec vous a probablement besoin de moins de vêtements chauds la nuit que le bébé qui dort seul.

Ces conseils de sécurité n'ont pas pour but de vous effrayer ou de rendre pénible le sommeil partagé. Au contraire, il s'agit de vous permettre, à votre bébé et à vous, de profiter d'un environnement sécuritaire, confortable et sans souci.

La sexualité et les relations sexuelles

« Laisser notre bébé dormir dans notre lit risque de ruiner notre vie sexuelle. »

Ces craintes sont injustifiées. Je ne crois pas que l'amour que les parents se témoignent mutuellement puisse affecter le fruit de cet amour. Il est bon que mari et femme s'embrassent et démontrent leur affection réciproque devant leurs enfants, quel que soit leur âge.

Le besoin d'intimité des parents la nuit

La seule façon que nous pouvions trouver le sommeil, mon bébé et moi, était de dormir ensemble. Je pouvais l'allaiter sans que nous ayons à nous réveiller complètement tous les deux. Mon mari, par contre, était trop sensible aux bruits que faisait le bébé et ne pouvait dormir avec lui dans le lit. Il allait alors coucher sur le divan du salon.

Mais comme mon mari et moi avions également de besoin d'être ensemble la nuit, j'allais très souvent le rejoindre sur le divan pour partager avec lui quelques moments d'intimité.

Je me demande ce qu'a ressenti ce mari la première nuit où sa femme l'a si galamment rejoint sur le divan. Il est assez rare qu'une nouvelle mère prenne l'initiative des relations sexuelles et je suis sûr que cette attitude a dû aider le père à mieux accepter le divan.

La principale inquiétude des parents a plutôt trait aux jeux érotiques préliminaires et aux relations sexuelles elles-mêmes. Faire l'amour dans le lit familial constitue rarement un problème lorsque le bébé n'a que quelques mois, car il est encore trop jeune pour être vraiment conscient de ce qui se passe autour de lui. Par contre, à mesure que l'enfant grandit, les parents se sentent rarement à l'aise de faire l'amour en sa présence lorsqu'il dort. Les couples qui ont appliqué avec succès le concept du lit familial ont constaté que la chambre des parents n'est pas le seul endroit où on peut faire l'amour ; chaque pièce de la maison peut se prêter à des débats amoureux. Le couple peut alors devoir faire preuve de plus d'imagination dans sa vie sexuelle. On peut aussi transporter l'enfant qui dort dans une autre pièce.

On dit souvent que « le bébé ne doit pas séparer le couple, que ce soit au lit ou ailleurs. » En tant que père de huit enfants et après avoir mis en pratique le sommeil partagé, je peux vous assurer que nos bébés ne nous ont pas séparés, ma femme et moi. L'art parental favorisant l'attachement donne de meilleurs résultats si la relation de couple est solide. Il est absolument essentiel que le mari et la femme puissent avoir des moments d'intimité.

Selon moi, il est bon que l'enfant puisse saisir deux messages en ce qui concerne la chambre à coucher de ses parents : la porte est ouverte s'il a un pressant besoin d'être avec eux, mais il y a des moments où son père et sa mère ont besoin d'être seuls ensemble.

Vous pouvez demander gentiment mais fermement à un enfant plus âgé en âge de parler de quitter votre chambre et d'aller « regarder les dessins animés » parce que papa et maman veulent s'aimer. L'enfant qui est incapable d'accepter cela a sans doute vécu depuis longtemps beaucoup de refus, d'exclusion ou de rejet, des problèmes beaucoup plus graves que la question de la vie privée des parents.

Quelle que soit votre opinion quant aux marques d'affection que vous pouvez échanger devant votre enfant, il faut reconnaître que, peu importe la cause, le système actuel n'est certainement pas adéquat. De nombreux adolescents et jeunes adultes d'aujourd'hui ont des problèmes d'identité sexuelle. Bien des jeunes couples ont de la difficulté à partager une véritable intimité et il y a une demande croissante de consultations en matière de sexualité. Dans quelle mesure peut-on imputer les problèmes sexuels d'aujourd'hui au manque d'intimité familiale qui était si répandu il y a quelques décennies ? Maintenant que le concept du sommeil partagé connaît un regain de popularité, verra-t-on décroître le nombre de problèmes sexuels chez la prochaine génération ?

Les raisons pour lesquelles le sommeil partagé ne semble pas fonctionner

Selon mon expérience, si le concept de sommeil partagé est appliqué volontairement, il est efficace la plupart du temps, pour la plupart des parents. Dans certaines familles, par contre, il arrive parfois que dormir avec le bébé ne semble pas la bonne solution. Il est possible cependant de régler ou d'éviter plusieurs de ces problèmes.

On a commencé tard

Il arrive que les parents attendent que des problèmes de sommeil éclatent avant d'essayer de dormir avec leur enfant. Après avoir tout tenté, c'est à contrecœur qu'ils s'avouent vaincus et qu'ils laissent le bébé dormir dans leur lit, mais, au fond d'eux-mêmes, ils ne veulent pas le voir là. Pour le bébé et les parents, cet arrangement est nouveau. Aucune harmonie dans les cycles de sommeil n'a été établi. Les bébés semblent

Un grand lit ainsi qu'une barrière de sécurité facilitent le sommeil partagé pour tous les membres de la famille.

Il bouge trop

Nous avons accueilli notre enfant de deux ans dans notre lit pour la nuit, mais il bouge tellement que personne ne peut dormir.

L'enfant qui n'a pas été habitué à dormir avec quelqu'un d'autre n'a pas appris à respecter l'espace de sommeil des autres. Essayez de dormir en le gardant blotti dans vos bras. Le fait de le serrer contre vous l'aidera à arrêter de bouger. Ou encore, essayez de lui imposer les mains : posez fermement vos mains sur l'enfant qui bouge pendant son sommeil et maintenez-le en place jusqu'à ce qu'il saisisse le message et se tranquillise. Vous pouvez également installer votre enfant sur un matelas à côté de votre lit ou ailleurs dans votre chambre. Vous pourrez aisément l'y rejoindre en cas de besoin.

ressentir ces vibrations négatives et ni le bébé, ni les parents ne dorment bien. Ce qui devrait être une belle expérience familiale positive n'est plus qu'une épreuve négative.

En général, corriger un problème exige plus d'efforts que de le prévenir. Chez les familles qui adoptent le sommeil partagé comme solution à un problème, il faudra peut-être plus de temps pour trouver l'harmonie. Voilà pourquoi je suggère aux couples d'accueillir le bébé

La fin des résistances

Pendant longtemps, j'ai rejeté l'idée de dormir avec mon bébé. Après avoir enfin couché mon bébé, j'avais intensément besoin d'un espace à moi, surtout par temps chaud, car je suis incapable de dormir contre un autre corps moite de sueur. Par contre, en dernier recours, j'étais prête à essayer. J'ai placé le bébé au milieu du lit et je me suis installée sur le bord du lit en comptant sur ma table de nuit et une chaise garnie d'oreillers disposées stratégiquement pour me protéger en cas de chute. J'ai demandé à mon mari de dormir le plus loin possible du côté opposé. Je craignais que la dépression causée par son poids ne fasse rouler le bébé contre son corps. Il me faudrait alors dégager le bébé avant de l'allaiter. Je n'avais pas non plus tenu compte du fait que le bébé aussi avait besoin d'espace pour dormir. Il s'agitait et bougeait encore plus que moi. Chaque fois qu'il roulait vers l'un de nous, il se réveillait. C'était pire qu'avant. Après une semaine d'essai, nous n'étions pas plus avancés.

Mais, comme l'expérience est la mère de l'apprentissage, j'ai trouvé ma propre solution à force d'essayer. J'ai simplement accepté le fait qu'il n'y avait pas de solution. Notre bébé n'est pas un robot que l'on peut programmer à volonté, pas plus que l'on peut se programmer soi-même. Je n'établis plus de stratégie chaque nuit à l'avance. J'adapte mes réponses en fonction du comportement de mon bébé. Parfois je me lève et je vais l'allaiter dans la chaise berçante jusqu'à ce qu'il se rendorme pendant que je me détends en somnolant. À d'autres occasions, je suis trop fatiguée pour m'asseoir et je l'emmène dans mon lit où il passe le reste de la nuit. Je ne me fais plus de souci pour me placer de façon particulière. Si le bébé roule vers mon mari, je le laisse faire. Cela me permet d'avoir plus d'espace et mon mari est plutôt fier de se réveiller en trouvant un bébé au creux de ses bras.

dans leur lit très tôt, de préférence peu après la naissance. Les cycles de sommeil s'harmoniseront plus rapidement, de sorte que les problèmes de sommeil seront évités ou atténués.

« *Je suis trop consciente de sa présence* »

Des mères m'ont dit : « Notre bébé bouge beaucoup. Il prend toute la place dans le lit et personne ne réussit à dormir. » ou encore : « J'ai essayé de dormir avec mon bébé, mais je suis tellement consciente de sa présence que le moindre bruit ou mouvement qu'il fait m'empêche de dormir. » Ces problèmes peuvent surgir lorsqu'on commence plus tard à dormir avec le bébé et que l'harmonie n'a pu s'établir dès la naissance. Après quelques semaines d'essai, vous ne vous réveillerez probablement plus au moindre bruit que fait le bébé. On peut demander aux enfants plus grands de respecter l'espace de sommeil des autres personnes qui dorment dans le lit familial. Certains enfants ne cessent de bouger toute la nuit, un comportement qu'on retrouve surtout chez ceux qui n'ont pas été habitués à dormir avec d'autres. On peut alors ajouter une rallonge au lit et y mettre le bébé de façon à ce qu'il ne nuise pas au sommeil des autres.

Un père très compréhensif m'a confié que, en se réveillant le matin, il trouvait souvent son enfant d'un an couché en travers du lit, la tête sur sa mère et les pieds sur son père (la position en « H »), comme s'il voulait rester en contact avec les deux personnes qu'il aime.

Le père ne dort pas bien avec le bébé dans le lit

À vrai dire, la plupart des pères sont moins dérangés la nuit parce que c'est la mère qui est source de nourriture. Par contre, l'harmonie des cycles de sommeil entre la mère et le bébé n'existe pas entre le père et le bébé, de sorte que le père risque davantage d'être réveillé alors qu'il est dans un sommeil profond. Cette situation peut être évitée si on laisse dormir le bébé entre sa mère et une barrière de sécurité ou un mur plutôt qu'entre ses deux parents.

Le lit est trop petit

Le sommeil partagé donne rarement de bons résultats si vous n'avez pas au moins un grand lit (queen-size). Chaque membre de la famille a besoin d'espace. Un très grand lit (king-size) sera probablement l'une des pièces d'ameublement pour bébé les plus utiles que vous pourrez vous

Faire de la place pour le nouveau bébé

Je dois accoucher dans un mois et notre enfant de trois ans dort encore avec nous. Je ne voudrais pas le chasser de notre lit, mais je dois admettre en toute franchise que je me sens incapable de m'occuper de deux petits la nuit.

Vous ne voulez pas dormir avec votre bambin et votre nouveau-né dans votre lit ? Plusieurs solutions sont possibles. (Il faut reconnaître que garder plus d'un enfant dans son lit la nuit risque de devenir problématique à moins d'avoir un matelas mur à mur.) L'aspect délicat de l'affaire sera de persuader votre enfant de trois ans d'accepter un nouvel arrangement sans qu'il se sente chassé de la sécurité de votre lit la nuit. Souvenez-vous que sevrer un enfant du lit familial signifie que vous devez substituer d'autres sources de réconfort et de nourriture. Lorsque vous vous occupez de votre nouveau-né la nuit, demandez à votre conjoint de s'occuper de votre enfant de trois ans. Faites-en un événement spécial : « Papa et toi allez dormir ensemble sur un grand matelas (ou dans ta propre chambre). » Le bambin sera probablement heureux d'obtenir plus d'attention de son père, même s'il en a perd un peu de sa mère. Dans l'ensemble, il n'y aura pas de perte pour lui.

---

procurer. L'argent que vous aurez économisé en n'achetant pas de lit de bébé peut être investi pour acheter un lit plus grand. Si vous ne pouvez acheter un très grand lit, vous pouvez agrandir celui que vous avez grâce à l'arrangement en side-car. Cette méthode est décrite plus loin.

Les parents ne veulent vraiment pas avoir le bébé dans leur lit

Un jour, la mère d'une famille nombreuse, une femme par ailleurs très dévouée et affectueuse, m'a avoué qu'elle ne voulait pas dormir avec son bébé. Elle s'est exprimé ainsi : « Quand vient le moment d'aller au lit, j'en ai assez des enfants. C'est un moment précieux avec mon mari et je ne veux pas de bébé dans notre lit. » J'ai parfaitement compris les sentiments de cette femme. Elle savait que pour bien jouer son rôle de mère durant le jour, elle avait besoin de refaire le plein et de resserrer les liens de son couple en réservant la nuit pour elle et son conjoint. Ce n'était pas une décision égoïste de sa part; elle estimait de façon réaliste que la famille tout entière se portait mieux si le bébé ne dormait pas dans le lit familial. Cette mère connaissait bien son seuil de tolérance et elle avait la chance d'avoir des enfants qui ne semblaient pas réagir à la séparation.

Le père et la mère ne s'entendent pas sur les arrangements pour la nuit

À l'occasion, une mère se plaint ainsi : « J'aimerais bien que mon bébé dorme avec moi, mais mon conjoint n'est pas d'accord. » À mon avis, le système du lit familial est rarement efficace si les parents ne s'entendent pas à ce sujet. Bien des nouveaux pères hésitent. Ils se demandent si c'est une bonne chose de dormir avec leur bébé ou s'ils ont envie de dormir avec lui. Je conseille aux pères de faire confiance à l'intuition de leur femme pour trouver le système qui conviendra le mieux à leur bébé. Règle générale, les pères qui ont fait preuve d'ouverture ont finalement apprécié le sommeil partagé.

Permettez-moi de vous faire part de mon expérience qui ressemble à celle de nombreux autres pères. Au départ, j'avais des réserves quant à l'idée de dormir avec notre bébé. J'ai finalement cédé à ma femme qui était profondément convaincue que les bébés sont faits pour dormir avec leur mère. J'ai décidé d'attendre et de voir. Avec le temps, j'ai appris à profiter de cette merveilleuse intimité. Comme je n'étais pas disponible pour mes enfants aussi souvent que je l'aurais souhaité, ce contact étroit avec mon bébé durant la nuit était très profitable pour le bébé et pour moi. Je crois réellement que cet arrangement nous rapprochait. Un des plus grand bonheurs à dormir avec un bébé était pour moi de me réveiller le matin et de contempler le visage heureux de notre enfant reposant à nos côtés. Je me suis habitué à me réveiller avec la belle frimousse d'un poupon près de moi.

Comme pédiatre, j'ai toujours été d'avis que les enfants devraient passer de l'état de veille au sommeil aussi paisiblement que possible. Ils devraient recevoir l'attention et l'affection de leurs parents au moment du coucher et au moment du lever. Comme père, je suis encore plus convaincu que ces passages de l'état de veille au sommeil et au réveil devraient se dérouler sans heurts. Nos bébés se réveillaient de bonne humeur parce que leur premier regard se posait sur leurs parents. Je

Mon conjoint, le baromètre

L'allaitement sur demande de notre fils nous a conduits à essayer le lit familial avec lequel on a l'immense avantage de ne pas avoir à quitter un lit chaud plusieurs fois par nuit pour nourrir le bébé. Mon bébé et moi avons réglé nos techniques d'allaitement pour que ni lui ni moi ne nous réveillions complètement au moment des tétées.

Mon mari a servi de baromètre pour cette expérience. Par respect pour ses sentiments, nous avons convenu que s'il était d'avis que le système adopté ne marchait pas, nous nous procurerions un lit de bébé. Nous n'en avons toujours pas ! Nous aimons tous les trois l'intimité du lit familial ; nous y dormons en paix sachant que le bébé est en sécurité, bien au chaud, tout près de nous et facile à trouver dans l'obscurité.

Un seul inconvénient : la grandeur (ou plutôt l'étroitesse) de notre lit. Nous prévoyons l'achat d'un lit plus grand pour les futurs besoins de notre famille.

Le bébé se réveille rarement en pleurant le matin. Nous sommes habituellement dans le lit, ou dans la pièce, et il est heureux et satisfait. Quelle belle façon de commencer la journée !

ne considérais pas leur présence dans notre lit comme une intrusion, mais plutôt comme une source d'unité. C'est une très belle expérience d'attachement à vivre ; sentir, non pas que votre bébé nuit à votre vie de couple, mais que vous formez une entité père-mère-bébé. Les bienfaits de ce sentiment d'unité pendant la nuit se poursuivent le jour. Aux pères qui sont vraiment indécis à l'idée de dormir avec leur bébé, je conseille de ne pas écarter ce projet avant de l'avoir véritablement essayé. Vous serez surpris de constater que ce système aide à développer votre intuition paternelle et place le concept de l'entité familiale dans une perspective nouvelle.

D'autres arrangements pour la nuit

Le side-car

Les parents qui préfèrent ne pas avoir le bébé dans leur lit tout en voulant qu'il soit à proximité peuvent se prévaloir de l'arrangement en side-car. Retirez un côté de la couchette du bébé et placez-la à coté de votre lit. Fixez la couchette à la base de votre lit pour éviter qu'elle ne bouge. Ajustez le matelas de la couchette exactement au même niveau que celui de votre lit en vous assurant qu'il n'y a aucun espace entre les deux matelas. C'est un bon arrangement pour les familles qui veulent essayer le lit familial, mais qui ne possèdent pas un très grand lit. C'est

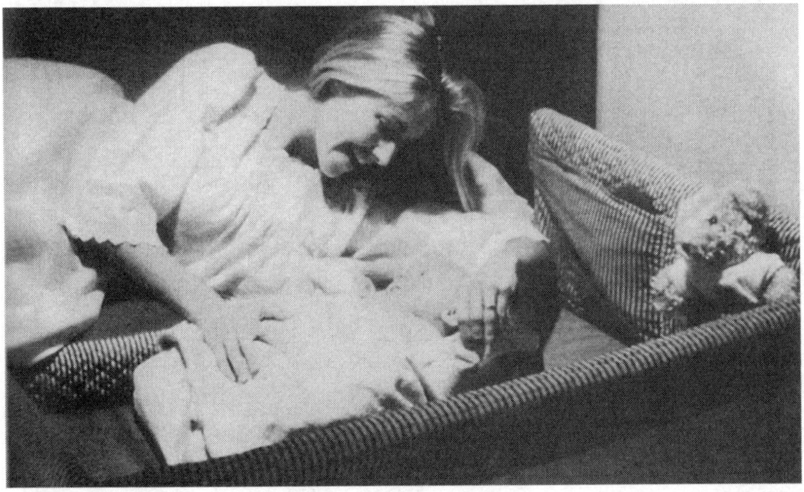

Arm's Reach Co-Sleeper

aussi un bon choix avec un bébé qui bouge beaucoup et qui a besoin d'espace. Vous pouvez même vous procurer un lit de bébé spécialement conçu pour être fixé à un lit d'adulte. (Pour plus de détails sur le *Arm's Reach Co-Sleeper,* visitez le www.armsreach.com.)

Le lit agrandi

Lorsque le bébé est devenu trop grand pour le side-car (ou qu'il doit céder sa place au nouveau-né), la prochaine étape est le lit agrandi. Vous pouvez agrandir votre lit de diverses façons :

1. Placez un lit jumeau ou un lit pliant contre votre lit.
2. Placez un matelas, un sac de couchage ou un futon sur le plancher près de votre lit. Cet arrangement est particulièrement rassurant pour l'enfant plus âgé qui peut avoir besoin, de temps à autre, de revenir dans la chambre de ses parents à la suite d'un cauchemar ou durant des moments de stress (maladie, déménagement, rentrée scolaire, etc.).
3. Le matelas mur à mur. Cet arrangement est inusité dans notre société, mais dans plusieurs pays, comme le Japon par exemple, la chambre à coucher est une grande natte ou un immense matelas.

Les frères et sœurs dorment mieux ensemble.

Dormir avec un frère ou une sœur

Souvent un bébé dormira avec ses parents pendant la première ou les deux premières années (ou plus) et sera sevré de la chambre de ses parents vers celle d'un frère ou d'une sœur avant de passer à la sienne. Des études ont révélé que les enfants de moins de trois ans dormaient mieux s'ils partageaient une chambre au lieu d'être seul dans leur chambre. Les parents rapportent souvent que les frères et sœurs qui dorment ensemble se chamaillent moins.

L'enfant qui a sa propre chambre

Vers l'âge de trois ans, la plupart des enfants ont besoin d'un espace privé pour y ranger leurs effets personnels. L'enfant qui a sa propre chambre pourra plus facilement acquérir le sens de l'ordre (tablettes de rangement, compartiments pour les jouets, crochets pour suspendre des vêtements) et des responsabilités pour prendre soin de ses objets personnels.

À la préadolescence, la plupart des enfants désirent avoir une chambre à eux pour satisfaire un plus grand besoin d'intimité. Même si le fait d'avoir sa chambre peut procurer à l'enfant l'espace nécessaire pour ses passe-temps, ses études, ses loisirs, etc., je ne crois pas qu'il soit nécessaire pour les parents de s'endetter afin que chacun des enfants ait une chambre séparée. Le père et la mère ne devraient pas avoir à travailler des heures supplémentaires et se séparer davantage de leurs enfants pour que ceux-ci puissent être séparés les uns des autres.

Les effets du lit familial sur l'estime de soi et la discipline

Dormir avec votre enfant comporte très certainement des avantages pour le développement de l'estime de soi et de la discipline. Accueillir votre enfant dans le lit ou la chambre familiale (et ne pas simplement « permettre » cette pratique) envoie le message suivant : « Pour nous, tu es unique. Nous nous soucions de ton bien-être autant la nuit que le jour. » Par conséquent, les soins des parents la nuit se reflètent dans la discipline de l'enfant. Une des caractéristiques d'un enfant discipliné est son sentiment de bien-être. L'enfant qui se sent bien dans sa peau sera davantage porté à agir correctement.

Dormir avec votre enfant ajoute une autre dimension au temps que vous passez à dormir. Ce n'est plus du temps perdu. Le concept du lit familial permet de transmettre à votre enfant un nombre incalculable de messages de tendresse et vous envoyez ces messages sans même dire un mot.

RÉFÉRENCES

Institute for Reproductive Health. 1994. *Guidelines: Breastfeeding, Family Planning, and the Lactational Amernorrhea Method-LAM*. Washington, DC: Georgetown University.

Madansky, D. and Edelbrock, C. 1990. Cosleeping in a community sample of 2- and 3-year-old children. *Pediatrics* 86:197-203.

Montagu, A. 1978. *Touching : The Human Significance of the Skin*. New York: Harper.

Thevenin, Tine.1987. *The Family Bed.* Wayne, NJ: Avery Publishing Group.

Chapitre 4

Comment aider le bébé à s'endormir et à rester endormi

« Si seulement je pouvais enfin passer une bonne nuit ! »

Profiter du bonheur d'être avec votre bébé, tel est l'un des grands principes de l'art parental favorisant l'attachement. Il est certain que des parents et des enfants fatigués ne jouiront pas autant l'un de l'autre que s'ils sont frais et dispos. Il y a plusieurs catégories de problèmes reliés au sommeil : certains enfants ont de la difficulté à s'endormir, d'autres s'endorment facilement, mais ne restent pas endormis et il y a ces enfants épuisants qui ne veulent ni s'endormir ni rester endormis. Ces trois types de problèmes seront abordés au cours du présent chapitre.

L'art parental favorisant l'attachement aide le bébé à mieux dormir

Aidez le bébé à se détendre durant la journée

Il est impossible de séparer les soins parentaux de jour de ceux de nuit. Les soins que vous donnez à votre enfant durant le jour se répercutent donc sur ceux que vous donnez la nuit, tout comme le tempérament de l'enfant pendant la journée se prolonge dans sa façon de dormir. Les bébés et les enfants qui ont de la difficulté à dormir calmement ont besoin d'être traités avec douceur durant la journée. Ceci est particulièrement important pour les bébés maussades qui ont de la difficulté à s'ajuster à la vie extra-utérine et ont besoin d'être « détendus ». En traitant votre bébé avec douceur durant le jour, vous l'aiderez à mieux organiser ses cycles de sommeil la nuit. À mesure que vous améliorerez votre capacité de traiter votre bébé avec douceur, votre confiance en vous augmentera et se reflètera sur votre capacité de traiter votre bébé avec douceur la nuit. Vous trouverez dans cet ouvrage divers conseils sur la façon de traiter un bébé avec douceur durant la journée, particulièrement au premier chapitre. Cette forme d'art parental comprend l'allaitement sur demande, le « portage » du bébé, la réponse aux pleurs du bébé, le sommeil partagé, de nombreux contacts peau à peau et un haut niveau d'engagement du père.

Un arrangement efficace pour la nuit

Commencez à dormir avec le bébé dans votre lit tout de suite avant que ne commence la période habituelle de pleurs nocturnes ou prenez le bébé dans votre lit dès qu'il commence à vous indiquer qu'il ne veut pas dormir seul. Vous pouvez prévenir ou atténuer la plupart des problèmes de sommeil en dormant avec votre bébé. L'harmonie peut ainsi se développer entre vous et votre bébé dès les premiers mois, ce qui vous prépare à votre rôle de parents la nuit pour les mois suivants. Admettre le bébé dans votre lit en dernier recours ne donne généralement pas d'aussi bons résultats. Tenter de régler des problèmes au lieu de les prévenir (faire du « rattrapage ») crée de la pression tant chez les parents que chez l'enfant. Essayez de prévoir les futurs besoins de votre enfant. Vous créez ainsi des habitudes, de bonnes habitudes.

Les enfants signalent souvent très clairement leur désir et leur besoin de dormir près de leurs parents. Par exemple, au réveil, le matin, les parents trouveront leur enfant de deux ans profondément endormi sur le plancher, à la porte de leur chambre à coucher. Si l'idée du lit familial ne vous dit rien, songez alors à d'autres arrangements : un lit de bébé adjacent au vôtre, un matelas ou un sac de couchage sur le plancher près de votre lit, ou des frères et sœurs qui dorment ensemble.

Comment conditionner le bébé ou l'enfant à dormir

Même si je ne crois pas aux horaires stricts et à une attitude rigide des parents la nuit, il est vrai jusqu'à un certain point que les habitudes de sommeil chez le bébé sont apprises et qu'un peu de conditionnement peut être nécessaire pour aider certains bébés à s'endormir. Il est important que le bébé comprenne, lorsqu'on lui transmet certains indices, qu'on s'attend à ce qu'il dorme. Les rituels à l'heure du coucher préparent le terrain et envoient le message que le sommeil doit suivre. L'enfant doit apprendre que le lit sert à dormir ou à communiquer calmement et non à faire de la lutte ou à jouer.

L'heure du coucher

Le mot « horaire » ne convient généralement pas à l'art parental favorisant l'attachement. Toutefois, lorsque vient le moment d'inciter au sommeil, certains enfants semblent avoir besoin d'aller au lit ou de faire la sieste à des heures régulières. Vous pouvez adopter ce système s'il est efficace pour votre famille. De nombreux enfants, particulièrement ceux qui ont des besoins intenses, résistent fortement à toute tentative de contrôler leurs habitudes de sommeil et de réveil, le jour comme la nuit. L'heure du coucher ne doit pas nécessairement signifier l'heure de dormir. Le sommeil est un état dans lequel on ne peut obliger un enfant à entrer. L'enfant se laisse surprendre par le sommeil. Le rôle des parents se limite à créer un environnement propice au sommeil. Les enfants plus âgés (trois ou quatre ans et plus) et très certainement les enfants d'âge scolaire ont besoin de constance quant à l'heure d'aller au lit.

Certains parents ont une définition stricte et irréaliste de l'heure du coucher : « Tu dois aller au lit à dix-neuf heures. » À l'autre extrême, certains parents considèrent qu'il est temps d'aller au lit seulement lorsque l'enfant tombe de sommeil. Parce que les modes de vie ont changé et que les situations familiales sont différentes, les horaires rigides à l'heure du coucher ne sont plus aussi courants ou réalistes qu'autrefois. Le bébé qui, comme dans les livres, dort de dix-neuf heures le soir à huit heures le lendemain matin risque de manquer de beaucoup de temps de qualité, surtout avec son père. (De fait, ce bébé n'existe que dans les livres).

Deux raisons semblent pousser les parents à mettre leur enfant au lit tôt en soirée : en fin de journée, la mère est épuisée et le père n'a pas envie de passer la soirée avec un enfant fatigué et grognon. Il y a moyen de remédier à cette situation. Réunissez chez vous les conditions nécessaires pour qu'il soit possible de profiter de la présence du bébé ou de l'enfant en soirée. Encouragez le bébé à faire une sieste en fin d'après-midi de sorte que, quand son père rentrera à la maison, ils pourront avoir du bon temps ensemble tandis que vous pourrez jouir d'un repos bien mérité. Ne croyez pas que vous brisez des règles (non écrites) si votre bébé ne va pas au lit avant vingt et une ou vingt-deux heures ou même s'il se couche en même temps que vous. Cette heure de coucher non conventionnelle peut survenir parfois dans les familles nombreuses et affairées où le père rentre tard à la maison. Les bébés parviennent souvent à trouver des horaires de sommeil et de réveil qui s'adaptent le mieux à leurs besoins selon la situation familiale.

C'est ce qui s'est passé dans notre famille lorsque notre fille Erin n'était qu'un bébé. Le matin, la maisonnée était bourdonnante d'activité avec les quatre autres enfants qui se levaient et se préparaient à partir. Erin avait appris à dormir malgré ce brouhaha et se réveillait vers neuf heures trente. Les aînés rentraient à la maison vers quinze heures trente, Erin commençait donc sa sieste à cette heure jusque vers dix-sept heures trente. Le niveau d'activité ralentissait vers l'heure du souper avec l'arrivée de papa. Erin se réveillait alors reposée, prête à passer du bon temps toute la soirée en compagnie de sa famille. Elle s'endormait ensuite sans difficulté vers vingt-deux heures. Il lui arrivait parfois de rester éveillée jusqu'à ce que ma femme et moi nous mettions au lit. Pour la plupart des enfants, le rituel du coucher revêt plus d'importance que l'heure du coucher.

J'admets volontiers que tous les parents ressentent, à un moment ou à un autre, le désir de coucher leur enfant tôt afin de passer un moment tranquille ensemble. Mais, lorsqu'une mère me dit que son conjoint la pousse vraiment à mettre l'enfant au lit tôt en soirée, je vois là un drapeau rouge signalant un début de discordance dans la famille. Cette situation indique généralement un manque fondamental de compréhension du rôle des parents la nuit et du plaisir qu'il y a à avoir un enfant.

Dans notre famille, Martha et moi avons toujours aimé souper à la maison en tête-à-tête une fois la semaine. Les plus grands s'occupaient des plus jeunes pendant que nous jouissions d'un peu de tranquillité. Les aînés avaient appris à respecter ce moment spécial que nous passions ensemble, mais, lorsqu'il y avait un bébé allaité dans la maison, ce tête-à-tête se transformait souvent en souper à trois.

Les rituels à l'heure du coucher

On peut très rarement s'attendre à ce que les nourrissons s'endorment seuls. Ils ne peuvent passer de l'état de veille au sommeil profond sans passer d'abord par une phase de sommeil actif ou paradoxal. Les soins des parents au moment de dormir servent à aider le bébé à passer la phase paradoxale. Si vous essayez de coucher le bébé avant qu'il n'ait complété la phase de sommeil paradoxal (qui dure environ vingt minutes) et avant qu'il ne soit entré dans un sommeil profond, il risque de se réveiller dès que vous tenterez de quitter la chambre.

Vous vous épargnerez bien des efforts si vous attendez, avant de le déposer, que votre bébé soit profondément endormi au sein ou dans vos bras. C'est ce que j'appelle la « tétée pour se détendre ».

Vous pouvez élaborer des rituels qui inciteront votre bébé à dormir. Allaiter le bébé tout en le berçant est habituellement une combinaison gagnante pour inciter au sommeil. La mère devient un lit mobile pour son bébé. On peut reconnaître une nouvelle mère au fait qu'elle se balance toujours un peu d'avant en arrière : elle imite ainsi le mouvement auquel a été habitué le bébé durant les neuf mois dans son ventre. D'autres activités évoquant cette période de la vie du bébé sont également utiles à l'exercice du rôle parental durant la nuit.

Le bain. Un bain chaud et un léger massage avant d'aller au lit vont souvent détendre la mère et le bébé. Vous pouvez prendre le bébé avec vous dans le bain. Le contact peau à peau apaise et prépare le bébé à la suite du rituel du coucher.

Emmailloter ou non le bébé. Tous les bébés n'aiment pas être enveloppés de la même façon au moment de s'endormir. Certains d'entre eux dorment mieux sous des couvertures légères qui leur permettent une plus grande liberté de mouvement ; d'autres préfèrent être emmaillotés dans un drap de coton ou une couverture pour bébé. Certains bébés aiment dormir « serrés », d'autres préfèrent dormir « libres ». Une mère m'a raconté qu'elle habillait son bébé de vêtements amples durant la journée et qu'elle l'emmaillotait pour la nuit, ce qui avait conditionné le bébé à associer le sommeil au fait d'être emmailloté.

Étendez-vous avec le bébé. Votre bébé peut être prêt à s'endormir, mais il ne veut absolument pas être déposé pour dormir seul. Vous pouvez l'allaiter en le berçant jusqu'à ce qu'il s'endorme dans vos bras, que ce soit en marchant ou dans une chaise berçante. Étendez-vous ensuite avec le bébé endormi sur votre lit et faites durer ce moment jusqu'à ce que vous soyez sûre qu'il est profondément endormi (ou que vous soyez profondément endormie). Ma femme appelle ce rituel « allaiter au nid ». Vous saurez que votre bébé est endormi lorsqu'il cesse de téter, qu'il entrouvre les mâchoires et laisse le mamelon ou que vous pouvez le retirer sans peine de sa bouche. La tétée demeure encore le somnifère le plus ancien, le plus efficace, le plus sécuritaire et certainement celui qui est présenté dans l'emballage le plus attrayant. Cette douce séquence d'un bain chaud à des bras chaleureux, à un sein réconfortant, à un lit accueillant suffit généralement à inciter au sommeil l'un d'entre vous (ou les deux).

Les berceaux et autres lits mobiles. Après avoir endormi le bébé dans votre lit, vous pouvez le laisser là ou le mettre dans son lit. Certains bébés accepteront de s'endormir dans les bras d'un de leurs parents et d'être ensuite déposés dans un berceau ou une couchette. Si votre bébé réagit aux draps de lit froids, réchauffez-les dans la sécheuse ou à l'aide d'un coussin chauffant.

Sitôt le bébé déposé dans son berceau, continuez à faire osciller celui-ci légèrement jusqu'à ce que le bébé semble être profondément endormi. Que ce soit dans vos bras ou dans son berceau, le bébé devrait être bercé au rythme de soixante mouvements par minute, soit le rythme cardiaque auquel il s'est habitué in utero. Si vous n'avez pas de berceau, posez des roulettes aux pattes du lit du bébé. Vous pourrez alors le bouger doucement et ce léger va-et-vient aidera probablement le bébé à s'endormir. Cette technique est souvent employée dans les hôpitaux où tous les lits de bébé sont munis de roulettes.

L'imposition des mains. Immédiatement après avoir été mis au lit, certains bébés commenceront à s'agiter et à bouger la tête, vous signalant ainsi qu'ils ne sont pas suffisamment endormis pour être laissés seuls. Dans ce cas, le père (il a une main plus large) peut mettre la main sur le dos ou sur la tête de son bébé, ou mettre une main sur la tête et l'autre sur le dos du bébé. La chaleur d'une main sécurisante peut être juste ce qu'il faut pour aider bébé à se calmer et à s'endormir pour de bon. On peut aussi tapoter le dos ou les fesses du bébé au rythme de soixante battements la minute, ce qui ajoutera la touche finale au rituel du coucher. Retirez les mains progressivement, d'abord une, puis l'autre, relâchant la pression lentement afin de ne pas faire sursauter le bébé et risquer de le réveiller. Il est très sensible à votre toucher. Nous avons observé un phénomène très intéressant chez nos bébés : il faut retirer la main très progressivement, la laissant même suspendue au-dessus de la peau du bébé avant de l'enlever complètement.

La position pour le sommeil. Couchez votre bébé sur le dos. Les études ont démontré que les bébés qui dorment sur le dos courent moins de risque de syndrome de mort subite du nourrisson (SMSN) et les récentes campagnes d'information publiques à ce sujet ont permis une réduction significative du taux de SMSN dans bon nombre de pays à travers le monde. Personne ne sait pourquoi la position sur le dos est associée à de faibles taux de SMSN. Pour en connaître les explications possibles, consultez le chapitre 12.

Lorsqu'il y a des problèmes d'ordre médical, il arrive que le médecin recommande de coucher le bébé sur le ventre, notamment en cas de prématurité et de reflux gastro-œsophagien. Consultez votre médecin si vous pensez que votre bébé se porterait mieux s'il dormait sur le ventre.

Certains bébés n'aiment pas être couchés sur le dos lorsqu'ils sont fatigués. C'est une autre raison d'endormir votre bébé dans vos bras. Lorsqu'il sera profondément endormi, il ne résistera pas si vous le couchez sur le dos. La position sur le côté est également associée à une réduction du risque de SMSN, bien que les autorités en la matière estiment que les bébés qui dorment sur le côté peuvent rouler sur le ventre. Si votre bébé préfère dormir sur le côté, étirez délicatement vers l'avant le bras sur lequel il est appuyé pour former un angle de 90 degrés par rapport à son corps. Il lui sera ainsi plus difficile de rouler sur le ventre.

L'association entre dormir sur le ventre et l'augmentation de SMSN est purement statistique, dans des études à grande échelle. Votre bébé, par contre, est un individu. Si, malgré que vous l'ayez encouragé à dormir sur le dos, votre bébé préfère dormir sur le ventre, laissez-le faire et ne vous inquiétez pas. De nombreux autres facteurs augmentent les risques de SMSN, notamment le tabagisme des parents et l'absence d'allaitement. La position de sommeil n'est qu'une variable de l'équation. En outre, les risques de SMSN diminuent considérablement après l'âge de six mois. Lorsque votre bébé aura franchi ce cap, vous n'aurez plus à vous inquiéter de sa position pendant le sommeil.

Aidez le bébé à se blottir. Au lieu de placer votre bébé au centre de la couchette ou du berceau, placez-le pour qu'il soit en contact avec un des côtés. Les bébés semblent aimer la sécurité que procure le fait de dormir contre un objet ou une personne. C'est ce qui explique pourquoi les bébés gigotent souvent pour aller se coller au coin de la couchette, contre les barreaux ou contre leur père ou leur mère dans le lit familial.

Les sons utérins. Les sons aident à endormir le bébé et surtout à le garder endormi. Les bébés s'endormiront souvent mieux avec ce qu'on appelle des « bruits de fond », des sons comportant toutes les fréquences audibles par l'oreille humaine telles que le bruit d'un climatiseur, d'un lave-vaisselle ou d'un aspirateur. Ce bruit répétitif et monotone ne signifie rien de particulier et engourdit l'esprit. Les meilleurs sons pour inciter au sommeil sont ceux qui ressemblent le plus possible au rythme et aux sons de l'utérus : l'eau qui coule du robinet ou de la douche, un métronome à soixante battements à la minute, le tic tac d'une horloge, un enregistrement de sons utérins, le bruit des vagues, d'une chute d'eau ou d'une pompe d'aquarium. Enregistrez les sons qui sont les plus efficaces pour votre bébé. Utilisez un lecteur de cassettes à relecture automatique.

Les bébés se détendent mieux au son de la musique classique plutôt qu'à celui de la musique rock. Choisissez de la musique simple et uniforme, comme la flûte ou la guitare classique. Des études ont démontré que, même dans le ventre de leur mère, les bébés étaient calmés par la musique de Mozart et de Vivaldi, tandis que la musique rock les excitaient (Verny, 1982). Choisissez un mélange de pièces qui apaise votre bébé et préparez une cassette continue à partir des enregistrements de ces morceaux.

Le père d'un de mes petits patients, Robert Evenden, un professeur de musique, a choisi le programme suivant pour aider son bébé aux besoins intenses et sa femme fatiguée à se calmer et à trouver le sommeil :

- *Sérénade pour cordes*, Opus 22, deuxième mouvement, d'Antonin Dvorak ;
- *Prélude à l'après-midi d'un faune*, de Claude Debussy ;
- *Clair de lune*, de Claude Debussy ;
- *Pavane pour une infante défunte*, de Maurice Ravel ;
- *Symphonie No 17 en G majeur*, K. 129, premier mouvement, de W.A. Mozart.

Voici quelques autres œuvres aux vertus apaisantes :

- *Concerto brandebourgeois No 3*, de J.S. Bach ;
- *Le Clavier bien tempéré*, Livres I et II, de J.S. Bach ;

- *Quatuors à cordes*, de F.J. Haydn ;
- *Œuvres pour piano*, de Maurice Ravel ;
- *Divertimenti à cordes* ; premières symphonies, de W.A. Mozart ;
- *Danses sacrées et profanes* ; préludes pour piano, de Claude Debussy.

Une chaude toison. La poitrine du père est une « chaude toison » qui incite souvent au sommeil le jeune bébé qui est assez petit pour ne pas glisser facilement. Une peau de mouton est une autre « chaude toison ». En Australie et en Nouvelle-Zélande, des parents ont rapporté que les bébés semblaient dormir mieux lorsqu'ils étaient placés sur une peau de mouton. Ces peaux sont tondues de manière à être sécuritaires et confortables pour le bébé, aussi bien que lavables à la machine. Si le nez du bébé est obstrué à cause de la charpie, recouvrez la peau de mouton d'un drap ou d'une couche de tissu. Assurez-vous que votre bébé n'est pas allergique à la laine (éruption cutanée ou reniflements persistants). La peau de mouton est également utile pour conditionner le bébé au sommeil. Bien des mères l'apportent avec elles partout où elles vont. Quand le bébé est déposé sur son « lit » en peau de mouton, il est encouragé à dormir. Quand j'ai animé des ateliers pour les parents en Australie, ç'était merveilleux de regarder l'auditoire et de voir les bébés

Une chaude toison

faisant la sieste, aux pieds de leurs parents, couchés sur leur peau de mouton, se sentant aussi confortables qu'à la maison.

Un lit motorisé. Il arrive parfois que le bébé soit particulièrement maussade. Vous savez qu'il est temps pour lui de dormir et surtout qu'il est temps pour vous qu'il dorme. Malgré tout, aucun des trucs pour inciter au sommeil ne fonctionne. En dernier recours, essayez donc ceci : installez votre bébé dans un siège d'auto sécuritaire et partez faire une balade en voiture. Un mouvement ininterrompu est ce qu'il y a de mieux. J'appelle cette solution la « thérapie de l'autoroute ». Lorsque le bébé est profondément endormi, revenez à la maison et déposez-le dans sa chambre ou dans la vôtre. N'essayez pas de le sortir du siège d'auto sinon il risque fort de se réveiller. Une balade en voiture avec le bébé est particulièrement utile lorsque la mère et le père ont besoin d'un moment et d'un endroit pour avoir une conversation sans se faire interrompre.

Comment rendormir un bébé

Créez un environnement propice au sommeil. Ce n'est pas tout de trouver le bon moyen de faire dormir bébé, encore faut-il faire en sorte pour qu'il reste endormi. Dans la plupart des cas, il n'est pas nécessaire de marcher sur la pointe des pieds et de ne faire aucun bruit. Ce sont les bruits soudains, la lumière, la faim, l'ennui et l'inconfort qui réveillent le bébé en général. Vous pouvez créer un environnement plus propice au sommeil en réduisant ces facteurs au minimum. Par exemple :

1. Fournissez-lui un corps chaud pour dormir.
2. Insonorisez le mieux possible la pièce où il dort. Huilez les ressorts et les joints grinçants de sa couchette. Mettez le chien qui aboie dans le garage pour la nuit - avant qu'il ne se mette à aboyer. Décrochez le téléphone.
3. Si votre enfant est souffrant parce qu'il est malade ou s'il est inconfortable parce qu'il perce des dents, demandez à votre médecin de vous indiquer quelle dose de médicament contre la douleur lui administrer.
4. Installez des stores opaques pour empêcher la lumière d'entrer.

Réagissez rapidement aux signes de réveil de votre bébé. C'est lorsque le bébé passe du sommeil profond au sommeil léger qu'il risque le plus de se réveiller. Parfois le bébé pleurniche et s'agite pendant quelques secondes avant de se rendormir lui-même au moment où il traverse cette période critique. Toutefois, s'il se réveille, allez le voir rapidement. Apaisez-le en le mettant au sein ou en lui imposant les mains. Si vous veillez sur votre bébé au cours de cette période critique, vous pourrez éviter qu'il ne se réveille complètement.

J'ai remarqué que durant cette période, nos bébés semblaient orienter leur système de « radar » en direction de leur mère et cherchaient le sein. Plus la « cible » était proche, moins ils risquaient de se réveiller complètement.

Le conditionnement au milieu de la nuit. Il y a des bébés et des enfants qui se réveillent au beau milieu de la nuit, prêts à jouer. C'est alors qu'il devient nécessaire de recourir au conditionnement si vous voulez

Il veut jouer à quatre heures du matin

Notre bébé d'un an et demi se réveille vers trois ou quatre heures du matin, de bonne humeur, en pleine forme et prêt à jouer. Mais moi je n'ai pas envie de jouer à cette heure-là !

Avant l'âge de quinze mois, un enfant ne comprend généralement pas les explications ou la négociation quant à l'heure où il faut jouer et celle où il faut dormir. Entre l'âge de dix-huit mois et deux ans toutefois, les enfants maîtrisent suffisamment le langage verbal pour comprendre un avertissement à l'effet que la nuit est réservée au sommeil. Pour le dissuader de se réveiller au milieu de la nuit, couchez l'enfant plus tard le soir ou faites-lui faire une sieste plus courte durant la journée. Les enfants qui se réveillent en pleine forme à quatre heures du matin sont souvent ceux que les parents couchent vers dix-neuf heures. Il est évident que le bébé a fini de dormir : neuf heures de sommeil la nuit plus une sieste d'une heure le jour lui procure un total de dix heures de repos, ce qui pour certains bébés est suffisant. En général, le bébé qui se réveille fréquemment pour jouer a besoin d'un peu de conditionnement : le lit et la chambre à coucher servent à dormir et non à jouer.

survivre. Si aucun des trucs mentionnés jusqu'à présent ne fonctionne pour rendormir l'enfant, laissez simplement le bébé assis près de vous dans le lit pendant que vous continuez à dormir (ou faites semblant de dormir), en ignorant son désir de jouer. Par ce comportement, vous transmettez à l'enfant un message non négociable : quand il est dans le lit avec vous, il dort quand vous dormez et il ne joue pas.

Un ventre plein, mais pas trop. Un estomac trop plein ou trop vide nuira au sommeil. Une tétée avant de le coucher suffit en général à remplir l'estomac du jeune bébé. Gaver votre bébé de céréales pour qu'il dorme toute la nuit ne sert généralement à rien. Pour le jeune enfant, un verre de lait et un biscuit nutritif, un bol de céréales ou un fruit sont de bonnes collations avant d'aller au lit.

Comment changer le bébé pendant la nuit. Le bébé pourra se sentir moins mouillé si vous lui mettez deux couches. Changez-le avant les tétées de nuit plutôt qu'après (vous aurez peut-être à le changer quand même). Si le bébé dort dans votre lit, gardez une provision supplémentaire de couches et de petites serviettes à portée de la main. Une veilleuse ou une lampe munie d'un gradateur ajusté à un faible niveau d'éclairage rendront plus facile la tâche de changer le bébé. Glissez une alèse de caoutchouc recouvert de flanelle sous le bébé afin de protéger votre matelas en cas d'accident.

Laissez un peu de vous au bébé. Si votre bébé réagit mal à la séparation et que vous devez partir pendant qu'il dort, il s'apaisera plus facilement si vous lui laissez un objet auquel il vous associe. La mère d'un tout jeune bébé a remarqué que celui-ci s'apaisait plus facilement lorsqu'elle laissait son soutien-gorge d'allaitement dans le berceau. Un enregistrement de votre voix lui chantant une berceuse peut également aider à le calmer.

Les substituts maternels constituent un marché important. Un journal a publié un article présentant des chercheurs de l'Université de Californie qui ont conçu un ourson muni d'un mécanisme respiratoire pouvant être synchronisé avec le rythme respiratoire du bébé. Le bébé peut se blottir contre l'ourson qui respire. Dans une lettre à la rédaction, une mère a demandé : « Pourquoi ne pas utiliser la vraie mère ? »

Encourager le lève-tôt à dormir plus longtemps. L'enfant qui surgit dans votre chambre à cinq heures du matin pour jouer peut devenir une véritable épreuve pour les parents fatigués. Les puristes diront qu'il faut laisser le bébé suivre son biorythme et se réveiller à l'aube. Ce conseil est facile à prodiguer quand il ne s'agit pas de notre enfant. Les bébés sont facilement trompés quant à l'heure qu'il est réellement. Il suffit souvent qu'un rayon de lumière pénètre dans la pièce à l'aube pour réveiller le bébé, surtout si cette lumière l'éclaire au moment où il traverse une période critique de sommeil. Les suggestions suivantes peuvent contribuer à prolonger la nuit de votre lève-tôt :

- Donnez des directives aux frères et sœurs aînés de ne pas faire de bruit quand ils se réveillent.
- Posez des rideaux foncés et opaques dans sa chambre.
- Donnez à l'enfant un réveil, « comme papa ». Lorsqu'il sonne, l'enfant peut se lever, tout comme papa. Laissez une boîte de jouets près du lit de l'enfant afin de l'inciter à rester dans sa chambre et à jouer seul calmement pendant un certain temps.
- Laissez une collation nutritive sur la table de chevet pour permettre au petit affamé de tenir jusqu'au déjeuner.

Les rituels du coucher pour le bambin et l'enfant plus âgé

Il y a des soirs où vous savez que votre enfant est fatigué, mais il résiste et ne veut tout simplement pas aller se coucher. En fait, ce n'est pas qu'il ne veut pas aller au lit ; c'est qu'il ne veut pas être séparé de vous. C'est ce qu'il doit laisser pour aller se coucher qui alimente sa résistance. Un peu d'imagination et d'intuition de votre part au moment du coucher et pendant la nuit peuvent vaincre ces résistances. Le bambin ou l'enfant a souvent besoin d'activités de détente tel un bain chaud, une belle histoire ou un massage du dos, une diminution graduelle de l'intensité de la lumière (l'achat d'un gradateur dans la chambre de l'enfant est un sage investissement) et une prière avant de s'endormir. On peut atténuer l'effet de la séparation, la véritable cause de la résistance au sommeil, en s'étendant avec l'enfant. Évitez les activités excitantes et stimulantes comme la lutte juste avant l'heure du coucher. Elles ne serviront qu'à augmenter la vitalité du petit déjà réticent à s'abandonner au sommeil. Il y a des circonstances particulières où l'enfant peut demander un rituel très long et épuisant au moment du coucher parce qu'il en a besoin. Nous en traiterons au chapitre sur le rôle du père pendant la nuit.

Les trucs suivants m'ont été fournis par des parents imaginatifs d'enfants plus âgés :

- Faites sonner un réveil pour annoncer « on se couche dans cinq minutes ». Pour éviter une dispute, laissez le réveil annoncer l'heure du coucher.
- Jouez à « celui qui est au lit le premier choisit l'histoire ».
- Jouez au masseur : « Garde les yeux fermés. Ne regarde pas. Où suis-je en train de te masser ? »
- Frottez-lui le dos en jouant au jardinier. « Plantez » un jardin dans le dos de votre enfant, utilisant divers types de touchers selon les aliments qu'il choisit. Touchez-le plus légèrement à mesure que vous faites disparaître le jardin.
- Utilisez un sablier. « Quand tout le sable aura coulé, on devra éteindre la lumière. » Votre enfant s'endormira probablement en observer le sable qui coule.

Les contes avant de se coucher. Le bébé à naître connaît la voix de sa mère (et celle de son père aussi, s'il prend la peine de parler près du ventre de la mère). Des études ont démontré que le fœtus répond physiquement à la voix de sa mère par des mouvements corporels synchronisés (Verny, 1982). Dès la naissance, il est important pour le bébé d'entendre cette voix familière parler, chanter et fredonner afin qu'il sache qu'il est autant en sécurité qu'il l'était avant la naissance. Une étude de l'Université de la Caroline du Nord a révélé que les nourrissons pouvaient se rappeler ce que leur mère leur lisait alors qu'ils étaient encore dans son ventre. Après la naissance, les bébés de cette étude réagissaient plus fortement à des histoires qu'ils avaient entendues pendant qu'ils étaient dans le ventre de leur mère qu'à d'autres histoires du même auteur.

Vous pouvez bien sûr faire entendre votre voix la plupart du temps spontanément à votre bébé, sans avoir besoin de lui lire des livres, mais en certaines périodes de la journée vous aimerez peut-être lui chanter une berceuse ou une autre chansonnette, lui réciter une comptine ou un poème. Lorsque vous avez le temps, commencez à collectionner, selon vos goûts personnels et vos ressources, les livres qui vous intéressent le plus et qui, à votre avis, pourraient intéresser votre bébé. Arrêtez-vous plus particulièrement aux sons à caractère répétitif, qui riment, qui coulent facilement, qui bercent et réconfortent. Choisissez un livre que

vous aimez vous aussi, de sorte que vous acquiescerez volontiers lorsque votre tout-petit dira : « Lis-la encore ! » Les livres peuvent vous servir de source d'inspiration les jours où celle-ci vous fait défaut, surtout lorsque la fatigue vous coupe tous vos élans poétiques. Le bébé réagira à la chaleur de votre voix, à l'enthousiasme et à l'amour qu'elle dégage. Il se sentira enveloppé par votre voix comme il l'est dans vos bras. C'est ainsi que commencera une longue tradition de lecture pendant ces moments de la journée où vous voulez aider votre bébé ou votre enfant à se détendre.

L'heure du coucher sera la période idéale pour raconter des histoires et votre enfant continuera à aimer se faire lire des livres même quand il ira à l'école. Nos adolescents viennent encore écouter, à l'occasion, les histoires qu'on raconte à nos plus jeunes enfants. Un conte à l'heure du coucher, suivi peut-être d'une tendre prière, est une merveilleuse façon d'entreprendre votre rôle de parent la nuit. Voici quelques-unes des histoires que les bébés et les enfants aiment se faire raconter au moment d'aller au lit :

- *Chut, bébés, chut*, John Butler. Gauthier-Languereau, 2002. (Un à trois ans.)
- *Petit canard a peur de l'eau*, collectif. Héritage, 2005. (Un à trois ans.)

- *Petit Ours Brun et le bébé*, Danièle Bour. Bayard, 1998. (Un à trois ans.)
- *Toupie et le sommeil perdu*, Dominique Jolin. Dominique et compagnie, 2003.
(Deux à cinq ans.)
- *Pas de taches pour une girafe*, Lucie Papineau et Marisol Sarrazin. Dominique et compagnie, 2002.
(Deux à cinq ans.)
- *Maman, pourquoi tu m'aimes?*, Stephanie Blake. Albin Michel Jeunesse, 1999.
(Deux à cinq ans.)
- *Le dodo*, Robert Munsch et Michael Martchenko. La courte échelle, 2003.
(Trois à cinq ans.)
- *Un bébé arrive dans la famille!*, William et Martha Sears. Chantecler, 2001.
(Trois à six ans.)
- *Je t'aimerai toujours*, Robert Munsch. Éditions Firefly, 1989. (Trois à six ans.)
- *Le Père Noël a la varicelle*, Andrée-Anne Gratton. Bayard/Le Raton Laveur, 2005.
(Trois à sept ans.)
- *Pas encore le bain!*, Erna d'Entremont Mayne et Marie-Claude Favreau. Éditions Banjo, 2001.
(Trois à huit ans.)
- *Tous les soirs du monde*, Dominique Demers. Éditions Imagine/Gallimard Jeunesse, 2005.
(Quatre à neuf ans.)

Le modèle parental. Le concept du modelage s'applique également aux rituels du coucher. Un jour, Hayden, notre fille de six ans, jouait avec ses amis à « endormir Erin ». Hayden s'était étendue à côté de Erin, l'avait blottie contre elle et faisait semblant de l'allaiter pendant que les autres chantaient des berceuses. Ces enfants avaient appris une importante leçon pour l'avenir : un bébé ne s'endort pas seul.

Et les médicaments pour dormir ?

Règle générale, les parents et les médecins hésitent à donner des médicaments pour dormir aux bébés. Je partage cette réticence et je ne prescris pas de médicaments pour dormir aux bébés de moins de neuf mois. Il y a toutefois des situations qui peuvent justifier leur emploi. S'ils sont administrés sous la supervision d'un médecin, les médicaments pour dormir sont sûrs et efficaces pour inciter les bébés au sommeil. Si, lors d'une situation difficile, vous avez essayé en vain toutes les méthodes naturelles pour aider votre enfant à dormir et que la famille est en état de crise à cause du stress et de la fatigue, à un point tel que votre capacité à vous occuper de votre enfant, le jour comme la nuit, est sérieusement compromise - dans ce cas extrême, lorsque l'enfant risque d'être maltraité - le recours à la médication pendant une à trois nuits semble indiqué. Il faut être très prudent si on utilise des médicaments pour induire le sommeil pendant plus de quelques nuits parce que les bébés développent une tolérance assez rapidement et peuvent facilement en devenir dépendants. Les médicaments pour dormir peuvent aussi devenir une habitude pour la mère et la décourager de se fier à son intuition maternelle pour prendre soin de son bébé la nuit. De plus, la plupart des médicaments ne provoquent pas un sommeil normal, mais interfèrent souvent avec les phases habituelles du sommeil et peuvent nuire à un bon fonctionnement le lendemain.

Selon mon expérience médicale, la prescription de l'hydrate de chloral (Noctec) est le médicament le plus sûr et le plus efficace pour induire le sommeil chez les bébés et les enfants. On a aussi découvert que l'hydrate de chloral n'a pas d'effet anormal sur les phases du sommeil (Kales, 1970). Les autres médicaments pour dormir que l'on prescrit fréquemment, tels les antihistaminiques et les barbituriques, peuvent avoir l'effet contraire chez les bébés et les enfants. En effet, au lieu de les relaxer, ils les stimulent davantage. D'après mon expérience et les études citées dans la littérature médicale, les médicaments pour dormir, comme l'hydrate de chloral, ne sont efficaces que la moitié du temps et n'exercent au mieux qu'un effet temporaire sur les habitudes de sommeil du bébé (Chavin, 1980).

Un heureux début, une tendre conclusion

Les dernières paroles que vous dites à votre enfant le soir et les premiers mots avec lesquels vous l'accueillez le matin devraient être chaleureux et personnels et le laisser avec un sentiment de bien-être intérieur. C'est une pratique que nous avions adoptée dans notre famille. Nous adressions à chacun de nos enfants un « message d'amour » très personnel le soir au coucher et le matin au réveil. Chaque soir, je disais à mes enfants combien je les aimais et à quel point je me préoccupais de leur bien-être. J'essayais de m'exprimer d'une façon différente chaque soir. Nos enfants avaient hâte d'entendre ce message d'amour, simple peut-être, mais sincère et différent d'un soir à l'autre. Les parents peuvent influencer favorablement les rêves de leurs enfants en imaginant un rituel du coucher, où les derniers visages que l'enfant voit avant de s'endormir sont ceux de ces parents et où les derniers mots qu'il entend sont « je t'aime ».

RÉFÉRENCES

Chavin,W. 1980. Children with sleep difficulties. *Health Visitor* 53:447.

Kales, A.C. 1970. Hypnotic drugs and their effectiveness. *Arch Gen Psychiatr* 23:226.

Mitchell, E. A. 1991. Sleeping position and cot deaths. *Lancet* 338:192.

VERNY, Thomas. *La vie secrète de l'enfant avant sa naissance*, Paris, Grasset, 1982.

Chapitre 5

Devrait-on laisser pleurer le bébé ?

« Docteur, devrais-je laisser pleurer mon bébé lorsqu'il se réveille au milieu de la nuit ? »

Afin de réunir l'information nécessaire pour écrire ce livre, j'ai expédié un questionnaire à plusieurs centaines de parents. L'une des questions était formulée ainsi : « Que vous conseillent parents et amis lorsque vous leur dites que votre bébé se réveille la nuit ? » Le conseil le plus fréquent était celui-ci : « Laissez-le pleurer. » Dans le questionnaire, je demandais également aux parents de dire comment ils réagissaient à ce conseil. Quatre-vingt-quinze pour cent des mères ont répondu que ça ne leur semblait pas être la bonne solution. J'en ai conclu que 95 pour cent des mères ne pouvaient se tromper et qu'il y a souvent une vraie contradiction entre ce qu'on dit à une mère et ce qu'elle ressent. C'est à cause de la confusion générale sur cette fameuse question, à savoir s'il faut ou non « laisser pleurer le bébé », que j'ai écrit ce chapitre. Je veux aider les parents à trouver les réponses qui conviennent le mieux à leur situation familiale particulière.

Mes années d'expérience à titre de pédiatre m'ont appris qu'il n'existe pas de réponses simples à des problèmes complexes dans le domaine de l'éducation des enfants. La façon de répondre aux pleurs de votre bébé est sûrement l'une de ces questions embêtantes auxquelles une réponse facile de la part d'un conseiller serait présomptueuse et injuste, tant pour le parent qui écoute que pour le bébé qui pleure. Ce livre ne préconise pas de « laisser pleurer le bébé ». *Être parent la nuit aussi* est un ouvrage conçu pour aider les parents à devenir plus confiants et à se sentir plus à l'aise lorsqu'ils répondent aux pleurs de leur bébé.

Comment se développe le système de communication entre la mère et le bébé

Une mère m'a confié un jour « Si seulement mon bébé pouvait parler : je saurais ce qu'il veut lorsqu'il se réveille. » J'ai sympathisé avec elle, mais je lui ai répondu : « Votre bébé peut parler. Vous devez simplement apprendre à l'écouter. »

Les pleurs d'un bébé ne sont pas que de simples sons. Ils sont un signal destiné à influencer le comportement d'une autre personne. Le signal du bébé qui pleure libère des émotions chez la mère. Cela lui fait quelque chose et c'est ce qui rend si particulier le système de communication entre la mère et le bébé. En réaction aux pleurs du bébé, le système hormonal de la mère change. Lorsqu'une mère voit ou entend pleurer son bébé, elle ressent dans son corps une « montée » d'hormones et une augmentation du flux sanguin au niveau des seins, ce qui la pousse à prendre le bébé et à l'allaiter.

Ce système de communication comporte deux éléments : l'émetteur (le bébé) et le receveur (le parent). L'efficacité des pleurs dépend de la façon dont le bébé les émet et de la façon dont ils sont reçus. Une réponse adéquate aux pleurs du bébé durant la nuit lui apprend à avoir confiance que ses actions ont un effet sur les autres. Le bébé réalise peu à peu qu'il a de la valeur. C'est le début de l'acquisition de l'estime de soi. D'autre part, la mère qui satisfait son besoin instinctif de répondre rapidement à son bébé développe sa propre réceptivité. Plus elle répond aux pleurs de son bébé, mieux elle comprend la signification de son langage. La confiance du bébé et la réceptivité de sa mère offrent un bon départ à la pratique de l'art parental pendant la nuit.

Laisser pleurer le bébé : les conséquences pour la mère

Les recommandations de laisser pleurer le bébé déconcertent la nouvelle mère. Les pleurs du bébé déclenchent chez elle des émotions qui la portent à s'en occuper, ce qui signifie qu'une mère n'est pas faite pour laisser pleurer son bébé, pas plus que celui-ci n'est fait pour être laissé seul à pleurer. Lorsque ce plan n'est pas suivi, il y a discordance. Un petit drapeau rouge avertit la mère : « Il y a quelque chose qui ne tourne pas rond. »

Le bébé a un besoin. La mère répond à ce besoin. Tel est le système de communication particulier entre la mère et son bébé, conçu spécifiquement pour assurer la survie du bébé et l'épanouissement de la mère. Tout conseil allant à l'encontre de ce système de communication déclenche un signal chez la mère qui lui indique que « ce n'est pas bien ». Ce sentiment qu'elle éprouve lorsqu'elle laisse pleurer le bébé est un mécanisme intégré de sécurité conçu dans le but d'assurer des soins maternels au bébé. Ce sont des signaux internes tout à fait sains. Écoutez-les, ils ne vous tromperont jamais.

Une mère perplexe m'a raconté ce qui s'est passé une nuit lorsqu'elle avait écouté le conseil de « laisser pleurer le bébé », parce que ce conseil lui avait été donné par sa propre mère. « Est-ce que ça a marché ? » lui ai-je demandé. Elle m'a répondu : « Non seulement ça n'a pas marché, mais je me suis sentie tellement coupable ! » Je lui ai répondu en souriant : « Excellent, cela signifie que vous devenez une mère plus sensible aux besoins de votre bébé. »

La mère qui laisse pleurer son bébé sape sa confiance en elle et fausse son intuition. Comme je l'ai expliqué précédemment, la mère qui ne répond pas aux pleurs de son bébé va, la plupart du temps, à l'encontre de ses réactions intuitives. Si une mère persiste à agir à l'encontre de ce qu'elle ressent, elle commence à se désensibiliser au signal que lui envoie les pleurs de son bébé. Moins la mère répond de façon intuitive à son bébé, moins elle a confiance en la pertinence de ses réponses. Moins elle a confiance en elle, moins ses réponses seront appropriées et moins elle aimera prendre soin de son enfant. La mère qui se retient de répondre à son bébé se désensibilise progressivement et inconsciemment. C'est le cercle vicieux du détachement contre lequel je mets les nouvelles mères en garde. À partir du moment où la mère laisse les conseils de sources extérieures avoir prépondérance sur sa propre intuition maternelle, elle et son enfant risquent de s'éloigner l'un de l'autre.

Certaines nouvelles mères me diront : « J'ai l'impression de n'avoir aucune intuition. Je me sens vraiment partagée. Il y a des fois où je ne sais pas si je dois ou non me précipiter pour prendre mon bébé qui pleure à trois heures du matin. »

L'art parental favorisant l'attachement, surtout lorsqu'il s'agit de répondre rapidement aux pleurs du bébé, convient tout particulièrement aux mères qui doutent de leur intuition. Si vous l'écoutez, votre bébé qui pleure vous aidera à améliorer vos réflexes de réponse instinctive. Par contre, si vous essayez de remplir votre rôle de parent en vous empêchant de répondre à votre enfant, vous inhiberez le développement de votre intuition maternelle.

Laisser pleurer le bébé : les conséquences pour le bébé

Répondre de façon restrictive aux pleurs du bébé sape son sentiment de confiance. Tout au long de ce livre, j'ai affirmé à plusieurs reprises que la formation d'un lien de confiance entre le parent et l'enfant est indispensable à l'éducation de celui-ci. Les experts en développement de la personnalité de l'enfant mentionnent que le sentiment de confiance est un des ingrédients de base de cette personnalité. Si on fait confiance à l'enfant, il apprend à faire confiance. Ayez confiance en votre bébé : quand il pleure, c'est parce qu'il exprime un besoin. Ayez confiance en vous lorsque vous interprétez les pleurs de votre bébé comme un stimulus qui exige une réponse. Plus vous faites confiance aux signaux de votre bébé, plus il apprend à se faire confiance. Souvenez-vous que c'est une personne qui pleure. Conférez le statut de personne à l'enfant à naître, au nouveau-né, au bébé, à l'enfant. Ils ont des émotions et pleurent tout comme les adultes. Répondez à votre bébé. La confiance s'installe lorsque le bébé comprend que sa détresse sera suivi de réconfort.

Jamais plus

Des amis et des parents bien intentionnés nous ont dit : « Laissez pleurer votre bébé. Au bout d'une demi-heure, il s'endormira et il ne se réveillera jamais plus la nuit. » Nous l'avons essayé une fois, mais n'en pouvant plus après dix minutes, nous nous sommes tous deux précipités pour consoler notre pauvre petit en pleurs, tremblant et très effrayé. Nous n'avons plus jamais essayé cette méthode.

Votre intuition se développera si vous augmentez votre réceptivité aux indices émis par votre bébé. Cette réceptivité se développe mieux si vous répondez aux pleurs de votre bébé. Si vous vous empêchez de le faire, vous deviendrez insensible. Une nouvelle mère qui devient insensible à son bébé va au-devant de problèmes. Lorsque certaines règles internes, certains instincts, n'ont pas été suivis, on se sent coupable et cette culpabilité est une saine réaction. C'est exactement ce qui est arrivé à la mère qui disait se sentir coupable. Elle a agi à l'encontre de ses règles maternelles internes et, naturellement, elle ne s'est pas sentie à l'aise avec ce comportement. La plupart des sentiments de culpabilité qu'éprouve la mère sont causés par des conseils provenant de l'extérieur et qui sont contraires à son intuition maternelle. Ce sont ces conseillers qui devraient se sentir coupables et non la mère.

Est-ce vraiment efficace de laisser pleurer le bébé ?

Lorsque j'interroge des parents qui se sont faits convaincre de laisser pleurer leur bébé durant la nuit, ils me disent que ça ne fonctionne pas. À l'occasion, un parent me rapportera que le bébé a finalement cessé de pleurer, mais que les conséquences ont été loin d'être souhaitables.

Lori, une mère épuisée par un bébé qui se réveillait la nuit avait, en désespoir de cause, succombé au conseil de ne pas répondre au bébé. « Je me suis bouché les oreilles et je l'ai laissé pleurer, m'a-t-elle raconté. Mon mari devait me retenir, car je n'avais qu'une idée : aller le prendre. Mon bébé s'est mis à pleurer de plus en plus fort, de sorte qu'à la fin je n'en pouvais plus. Je suis allée le voir. Le pauvre petit était si enragé ! Je ne ferai jamais plus une chose pareille. »

Dans un autre cas d'échec de cette stratégie, c'est le médecin qui avait conseillé à une mère de laisser pleurer son bébé. « Je ne pouvais plus l'entendre pleurer. Je suis donc allée l'allaiter pour le rendormir. Je me suis assise dans la chaise berçante, pleurant avec lui. Il a mis deux fois plus de temps que d'habitude à se rendormir. Le jour suivant, il s'est accroché à moi toute la journée. »

Cette mère a découvert un aspect important du maternage nocturne : plus on répond rapidement aux pleurs du bébé, plus il sera facile de le consoler. Si le bébé s'est accroché à sa mère le lendemain, c'est qu'il avait temporairement perdu confiance.

La mère qui ne répond pas aux pleurs de son bébé applique le principe du non-renforcement : si on ne renforce pas un comportement, celui-ci cessera bientôt. Cette approche behavioriste ne me satisfait pas pour deux raisons. D'abord, elle sous-entend que les pleurs du bébé sont un comportement négatif qui devrait disparaître, ce qui est faux. Ensuite, elle peut exercer un effet négatif sur l'émergence de l'estime de soi du bébé. Lorsqu'un bébé pleure et que personne n'y prête attention, sa motivation intérieure le poussant à pleurer diminue. Un des principes fondamentaux dans la croissance et le développement du nourrisson est qu'une réponse appropriée à une habileté ou à un comportement est l'un des principaux facteurs motivants favorisant le perfectionnement de cette habileté ou de ce comportement. Si l'on fait la sourde oreille au bébé qui pleure, il sera moins motivé à pleurer. (Voilà pourquoi le non-renforcement semble efficace.) Toutefois, les pleurs du bébé sont une forme de langage. Aussi primitif qu'il soit, il est l'unique système de communication avec le monde extérieur que possède le tout jeune bébé. Empêcher le bébé de l'utiliser risque d'avoir un effet négatif sur son désir de communiquer avec ceux qui en prennent soin. Les mères racontent parfois que, lorsqu'elles laissent pleurer leur bébé la nuit, il semble les bouder le lendemain. À mesure que le bébé perd confiance en sa capacité de communiquer, il perd également confiance qu'on va lui répondre. Le conseil de « laisser pleurer » peut produire un gain à court terme, mais ce sera une perte à long terme. À mon avis, opter pour un gain à court terme n'est pas une sage décision.

Les tenants de l'approche du non-renforcement affirment aussi que le bébé doit apprendre à dormir. En ne répondant pas aux pleurs de votre bébé, vous ne lui apprenez pas à dormir ; vous lui enseignez que les pleurs n'ont aucune valeur pour communiquer. Lorsque le bébé n'obtient aucune réponse à ses pleurs, il peut retomber dans le sommeil, mais c'est un signe de repli suite à la déception de ne pas avoir été écouté. En refusant de céder à votre bébé, vous lui apprenez à démissionner. J'ai bien de la difficulté à percevoir le bien-fondé d'une telle attitude à l'égard du bébé. Elle tient davantage du dressage que du parentage. Les animaux sont dressés, les enfants sont éduqués. Ne craignez rien. En répondant rapidement aux pleurs du bébé, vous ne renforcez pas ce comportement. Votre bébé ne deviendra pas un petit braillard pour autant. Des études ont en effet démontré que les jeunes bébés aux pleurs desquels on avait répondu rapidement avaient moins tendance à pleurer lorsqu'ils grandissaient (Bell et Ainsworth, 1972). Répondre aux pleurs de votre bébé ne risque pas de l'« entraîner » à pleurer la nuit, comme certains experts le prédisent. Au contraire, cela lui apprendra à la longue à pleurer moins.

« Mais on crée une mauvaise habitude ! » Voilà une autre raison invoquée pour justifier l'approche du non-renforcement. La ligne entre une habitude et un besoin est parfois très mince. En général, une habitude est un type de comportement acquis par une répétition fréquente et dont une personne peut se départir sans que cela ne lui soit dommageable. Par contre, un besoin est quelque chose de nécessaire au bon fonctionnement de l'individu. Une habitude qui n'obtiendra pas de réponse disparaîtra facilement. Un besoin ne disparaîtra pas si facilement. Un besoin non comblé ne disparaît jamais entièrement. Il n'est que supprimé temporairement et il ressurgira plus tard, sous une autre forme. Règle générale, si vous considérez le fait que votre enfant ait besoin de vous durant la nuit comme un besoin réel et non pas comme une mauvaise habitude à éliminer, vous finirez tous deux par être récompensés. Les nuits blanches diminueront dès que les besoins de l'enfant seront comblés.

Essayer de distinguer un besoin d'une habitude est souvent un gaspillage d'énergie. Je prends généralement pour acquis que le comportement du jeune bébé exprime des besoins qui, s'ils sont correctement comblés, peuvent certainement devenir des habitudes,

Court-circuiter les pleurs durant la nuit

Un des plus grands avantages à coucher le bébé avec nous est qu'il suffit généralement de lui tapoter légèrement le dos pour le rendormir. Autrement, s'il est dans son lit, je dois me lever et aller dans sa chambre. Pendant ce temps, il s'est mis à pleurer plus fort, ce qui l'a complètement réveillé, et il me sera plus difficile de le redormir. Quand je réussis à le faire, c'est moi qui suis complètement réveillée et je me rendors plus difficilement. Quand il est dans le lit avec nous, j'interviens dès le premier son et je n'ai pas à sortir du lit.

car le bébé aime ressentir que ses besoins sont satisfaits. Bref, les bébés ont des besoins habituels, mais l'habitude qu'ils acquièrent est celle de se sentir bien. Un sentiment continuel de bien-être a un effet positif sur l'estime de soi et sur la personnalité. L'habitude d'être « mal dans sa peau » peut rendre le bébé irritable et difficile, ce qui n'est pas une sinécure pour les parents.

Il faut également considérer le tempérament du bébé avant de suivre ou non le conseil de « le laisser pleurer ». Dans le cas d'un bébé aux besoins intenses, la méthode est rarement efficace. Il pleure plus fort, plus longtemps et ses cris deviennent plus dérangeants. Il envoie un message sans équivoque : il a intensément besoin de soins parentaux durant la nuit. Ce type de bébé est également doté d'un tempérament qui le porte à protester avec véhémence lorsque ses besoins ne sont pas comblés. Il ne faut pas casser l'habitude (ou le besoin) de se réveiller la nuit chez le bébé aux besoins intenses.

Règle générale, lorsqu'il se réveille la nuit, le bébé doté d'un tempérament plus facile n'a pas des pleurs qui déclenchent la sonnette d'alarme chez la mère. Il semble davantage capable de se calmer par lui-même et peut ne pas susciter une réponse aussi rapide lorsqu'il pleure la nuit. Soyez particulièrement sur vos gardes en ce qui concerne le bébé soi-disant « facile ». Ce type de bébé a du bon et du mauvais. Il a la capacité de se calmer seul, ce qui enlève un certain stress à la mère, mais il lui manque certains comportements favorisant l'attachement (par exemple, des pleurs de protestation lorsqu'un besoin n'est pas comblé), qui sont importants pour développer sa personnalité et la compétence de sa mère.

Les mères expérimentées sont souvent capables de faire la différence entre les pleurs « urgents » et ceux qui peuvent attendre un peu d'après leur intensité et la vitesse à laquelle ils diminuent. Les pleurs du bébé aux besoins intenses augmentent généralement d'intensité jusqu'à ce que tous ceux qui les entendent se sentent obligés d'y répondre. Le bébé facile peut cesser plus rapidement de pleurer et se rendormir sans intervention extérieure. Répondre ou non aux pleurs du bébé durant la nuit devient une question de jugement. Seule la mère a la sensibilité nécessaire pour en juger.

L'arrangement idéal pour la nuit

Le meilleur arrangement pour la nuit, celui qui favorise l'harmonie, est celui qui évite au bébé de pleurer pour obtenir la satisfaction de ses besoins. Lorsque la mère et le bébé dorment près l'un de l'autre, leurs cycles de sommeil sont synchronisés. La mère devient plus réceptive aux signaux du bébé qui se réveille et intervient rapidement, avant qu'il n'ait à pleurer. Le chapitre 3 traite du concept du sommeil partagé et comment il aide la mère et le bébé à être en harmonie durant la nuit.

Je conseille aux parents de répondre rapidement aux pleurs de leur bébé lorsqu'il se réveille la nuit. Ne vous laissez pas séduire par l'approche du non-renforcement. Soyez attentifs dès le début aux pleurs de votre nouveau-né. À mesure que s'améliorera votre système de communication, votre bébé apprendra à pleurer mieux et vous apprendrez à mieux répondre à ses pleurs. Tous, vous dormirez mieux, sachant que vous avez appris à communiquer.

RÉFÉRENCES

Bell, S.M. and Ainsworth, M.D. 1972. Infant crying and maternal responsiveness. *Child Development* 43:1171.

Chapitre 6

De la nourriture pour dormir

La nourriture que votre enfant consomme et la façon dont elle lui est « servie » peut avoir un effet considérable sur son sommeil. Lorsqu'il passe du sommeil calme au sommeil actif, le bébé traverse une période critique où il risque davantage de se réveiller. C'est pendant cette période que la plupart des nourrissons qui dorment avec leur mère commenceront à téter. Le cerveau a besoin de se nourrir lorsqu'il devient actif. L'allaitement (tant l'acte en soi que l'aliment qu'il procure) est une « nourriture » idéale pour dormir.

Les avantages d'allaiter la nuit

Une relation harmonieuse

L'allaitement exerce un effet bénéfique sur les rythmes d'éveil et de sommeil des animaux de laboratoire. Des chercheurs ont noté que l'harmonie qui régnait entre une mère et son petit allaité avait un effet positif sur l'organisation du sommeil de celui-ci (Hofer et Shair, 1982). Dans une autre étude, on mentionne que « la mère exerce apparemment, à travers la périodicité de l'offre de nutriment, un effet régulateur sur l'organisation des cycles d'éveil et de sommeil chez le nourrisson » (Hofer, 1982).

Le sommeil partagé

On a peu étudié les effets de l'allaitement sur les cycles de sommeil et de rêve. Des chercheurs ont trouvé que les nourrissons allaités avaient un profil de sommeil paradoxal lorsqu'ils tétaient durant leur sommeil, ce qu'on appelle communément le sommeil paradoxal de succion. La mère qui allaite et son bébé rêvent à l'unisson et c'est pendant qu'elle allaite que la mère a un niveau de sommeil paradoxal parmi les plus élevés (*International Childbirth Education Association*, 1969). Des études réalisées sur des animaux ont également démontré qu'un sevrage précoce soudain provoquait une diminution rapide du sommeil paradoxal au lieu du changement plus graduel associé au sevrage naturel.

La mère et le bébé dorment mieux

J'ai remarqué à quel point le bébé s'endort merveilleusement bien au sein et comme il semble satisfait pendant et après la tétée. J'ai également constaté que nos propres bébés s'endormaient immédiatement après la tétée, comme si on leur avait administré un médicament pour dormir. Est-il possible que le lait maternel contienne une substance provoquant le sommeil et qui resterait à découvrir ? De fait, des chercheurs ont découvert, dans le lait maternel, une protéine provoquant le sommeil (Graf et al, 1984).

L'allaitement aide aussi la mère à dormir. L'une d'elles m'a confié qu'elle s'étendait avec son bébé et l'allaitait lorsqu'elle avait de la difficulté à trouver le sommeil. Dans ce cas, c'est le bébé qui aide la mère à s'endormir, peut-être en raison de l'effet relaxant de la prolactine. Dans des rapports d'observation, on a noté que, lors de la période post-partum, l'allaitement induisait le sommeil chez la mère, ce qui avait pour résultat d'améliorer la qualité du sommeil après la tétée (Bourne, 1983).

L'allaitement détend à la fois la mère et le bébé.

Avantages sur le plan médical

Les tétées données la nuit ont l'avantage d'aider à prévenir les infections du sein. La mère qui allaite la nuit a les seins moins engorgés et risque moins de souffrir d'infections du sein au cours des premiers mois, parce que ses seins sont vidés régulièrement. De même, elle aura les seins douloureusement engorgés le lendemain d'une nuit où le bébé n'aura pas tété. L'engorgement du sein avec risque d'infection est un exemple type de ce qui se produit lorsque l'harmonie biologique est rompue.

Le bébé grandit mieux

J'ai remarqué que les bébés grandissent mieux lorsqu'ils dorment avec leur mère et tètent fréquemment durant la nuit. Une des plus anciennes façons de remédier au gain de poids lent chez le bébé consiste à « le coucher avec sa mère afin qu'elle l'allaite. » Des mères me disent qu'elles ont un réflexe d'éjection du lait plus puissant durant la nuit. Ce réflexe plus efficace donnerait au bébé qui tète la nuit un lait plus riche en matières grasses, par conséquent plus riche en calories, ce dont il a besoin pour grandir. Le contact peau à peau supplémentaire que reçoit le bébé pendant les tétées la nuit peut aussi avoir un effet bénéfique sur sa croissance.

Le taux de prolactine est plus élevé dans l'organisme de la mère pendant le sommeil. Comme la prolactine est la principale hormone responsable de la production de lait, la quantité de lait maternel disponible devrait donc être plus grande lorsque le bébé tète la nuit. Des études réalisées dans les sociétés où l'allaitement sans restriction est la norme ont révélé que les nourrissons obtenaient dans leur ration quotidienne la même proportion de calories la nuit que le jour (Jelliffe et Jelliffe, 1978). C'est également durant la nuit que sont sécrétées les hormones de croissance chez le bébé et l'enfant. Si les bébés sont faits pour grandir la nuit, ils sont sûrement faits pour se nourrir la nuit.

Des recherches ont également révélé que le lait maternel favorise le développement du cerveau chez les nourrissons. La taurine, un acide aminé favorisant le développement du cerveau, se retrouve en plus grande quantité dans le lait maternel que dans les préparations lactées pour nourrissons. Le lait maternel contient également une quantité importante de DHA et de AA, des acides gras servant à la formation de la gaine entourant les fibres nerveuses qui leur permet de transmettre des messages. Des niveaux élevés de DHA et de AA dans le sang sont associés à un meilleur développement visuel et cognitif chez les nourrissons. D'autres études ont démontré que les enfants allaités avaient un QI plus élevé et réussissaient mieux sur le plan académique. Le lait maternel n'est pas seulement le meilleur aliment pour dormir, il est aussi le meilleur aliment pour le développement de la pensée.

Le bébé allaité qui se réveille la nuit

On remarque des différences dans les habitudes de réveil nocturne chez le bébé allaité et chez le bébé nourri avec une préparation lactée. Le lait maternel est digéré plus rapidement et le bébé nourri à la préparation lactée peut se sentir rassasié plus longtemps. Une étude comparant les fréquences de réveils nocturnes chez des bébés d'environ six mois allaités et nourris à la préparation lactée a démontré que 52 pour cent des bébés allaités se réveillaient la nuit, comparativement à 20 pour cent des bébés nourris au biberon. Cette étude a également révélé que 67 pour cent des bébés nourris au sein pendant douze mois ou plus se réveillaient la nuit (Carey, 1975). Dans cette étude, le réveil nocturne était défini comme étant « le réveil accompagné de pleurs à une ou plusieurs reprises entre minuit et cinq heures du matin, au moins quatre nuits sur sept, pendant au moins quatre semaines consécutives, entre l'âge de six et douze mois. »

Pourquoi les bébés allaités se réveillaient-ils plus souvent la nuit? C'est difficile à expliquer. Le type de lait n'était peut-être pas la principale raison pour cette différence de comportement. L'empressement de la mère à répondre à son bébé qui se réveille et qui pleure a probablement joué un rôle très important. Règle générale, les mères qui allaitent sont plus enclines à répondre aux pleurs de leur bébé. Dans une note éditoriale relativement à l'étude qui vient d'être citée, la docteure Dana Raphaël (1976), directrice du *Human Lactation Center* de Westport, au Connecticut, émettait les commentaires suivants :

> Lorsqu'on aborde la question du bébé qui se réveille la nuit, on prend généralement pour acquis que huit heures de sommeil ininterrompu pour la mère et le bébé a quelque chose de sain et de sacré... Le problème serait plutôt causé par les attentes et les anxiétés de notre société à l'égard du sommeil... Le réveille-matin est au cœur du problème. Il est la conséquence

Une aide qui n'en est pas une

Ma mère est venue me donner un coup de main avec notre nouveau bébé, notre premier bébé. Elle a offert de se lever la nuit pour donner un biberon au bébé afin que je puisse dormir et de lui donner aussi un biberon, de temps à autre, durant le jour afin que je puisse sortir. Est-ce une bonne chose? Cela nuira-t-il à l'allaitement?

Votre mère est bien intentionnée et elle désire prendre soin de vous, la nouvelle maman. Il s'agit ici d'un exemple où on échange un gain apparent à court terme pour une perte à long terme. Au cours des premières semaines, la mère et le bébé essaient de développer une relation d'allaitement harmonieuse. Ceci signifie, entre autres, qu'on doit laisser s'établir un équilibre entre la production de lait de la mère et la demande du bébé. Les biberons pour « libérer » la mère au cours des premières semaines nuisent certainement à l'établissement de cet équilibre. La succion à une tétine artificielle est entièrement différente de la succion au sein. Donner un biberon au bébé pendant qu'il est en train d'apprendre à téter au sein risque de semer la confusion et de ralentir le processus d'apprentissage. Les biberons pour se « libérer » risquent également de provoquer de l'engorgement car vos seins ne seront pas vidés aussi fréquemment. L'engorgement risque à son tour d'entraîner avec lui toute une série de problèmes qui feront en sorte que vous vous retrouverez, au bout du compte, moins reposée. Après la naissance du bébé, votre mère peut vous aider à prendre soin de vous et de votre maison, mais elle ne peut vous remplacer auprès de votre bébé.

Vous devrez faire preuve de diplomatie. Comme elle aime beaucoup son petit-enfant, elle voudra naturellement participer aux soins à lui donner et vous prodiguer des conseils. Pour le bien de cet enfant toutefois, cette aide et ces conseils devraient correspondre à votre philosophie et non à la sienne. Grand-maman a déjà été mère. C'est maintenant à votre tour.

d'un système social organisé autour de la femme qui doit se lever pour servir le déjeuner, faire les courses, nettoyer, laver, faire la cuisine, prendre soin du bébé, etc., sans aucune aide. Ce sont ces facteurs qui font que les tétées de nuit causent problème. La mère et le bébé n'ont pas grand chose à y voir.

Un marathon d'allaitement

« Mon bébé téterait toute la nuit ! » Voilà un souci que partagent bien des mères qui allaitent. Plusieurs raisons peuvent expliquer ce marathon d'allaitement. Au cours des premiers mois de son existence (habituellement vers trois semaines, six semaines et trois mois), le bébé vit plusieurs poussées de croissance pendant lesquelles il demande à téter jour et nuit. Cette poussée de croissance contribue à augmenter la production de lait en réponse aux besoins nutritionnels croissants du bébé.

Vers le deuxième ou le troisième mois, le marathon d'allaitement durant la nuit peut aussi être dû à un accroissement de la sensibilité aux stimuli visuels. Durant la journée, le bébé est distrait par tout ce qu'il peut voir dans ce nouveau monde qu'il découvre. Votre bébé peut téter un peu et regarder un peu, téter un peu et regarder un peu et être incapable de téter vraiment efficacement durant le jour. La nuit, le monde qui l'entoure n'est pas aussi stimulant sur le plan visuel. Il a moins de distractions (et sa mère aussi) et il s'arrange pour reprendre le temps perdu. La mère peut avoir l'impression de servir des repas pendant toute la nuit. Si votre seuil de tolérance vous le permet, je vous suggère de garder le « buffet » ouvert parce que le bébé fait ce qu'il doit faire. Si vous êtes trop fatiguée pour allaiter sur demande toute la nuit, assurez-vous que le bébé a moins de distractions quand il tète le jour. Allaitez-le dans une pièce sombre et sans intérêt, ce qu'on appelle allaiter à l'abri. Les frères et sœurs qui réclament de l'attention peuvent aussi déranger le bébé qui tète.

Conseils pour allaiter la nuit

Comment retirer du sein le bébé endormi

Certains bébés aiment dormir avec le mamelon dans la bouche. Ils ne desserrent pas les mâchoires, même lorsqu'ils sont profondément endormis. Ils peuvent laisser le mamelon seulement au bout d'une heure ou plus. À l'occasion, ces bébés garderont le mamelon dans la bouche toute la nuit. Il y a des mères qui apprennent à dormir confortablement avec le bébé au sein toute la nuit (ou pendant toute la sieste). Elles sont simplement heureuses que le bébé dorme. Si vous devez vous lever ou si vous n'êtes pas confortable pour dormir dans cette position, vous pouvez apprendre à aider le bébé à laisser le mamelon sans le réveiller de son sommeil profond.

Le bébé risque de se réveiller si vous dégager le mamelon parce qu'il sursautera lorsqu'il ne sentira plus de pression dans sa bouche. Si votre bébé s'agite et se réveille lorsque se brise la succion, essayez d'autres façons plus graduelles de briser la succion. Par exemple, vous pouvez insérer un doigt à la commissure des lèvres du bébé et lui entrouvrir doucement les mâchoires. À mesure que celles-ci se relâchent, vous retirez lentement le mamelon de sa bouche. Si vous sentez qu'il s'agite ou qu'il cherche le mamelon, c'est peut-être qu'il réagit au changement de pression dans sa bouche. Si, en retirant le mamelon de sa bouche, vous appuyez fermement votre index dans le sens de la longueur, juste en-dessous de sa lèvre inférieure, et pressez sur son menton vers le haut, vous réussirez à bien lui fermer la bouche et à appliquer juste assez de pression pour l'empêcher de se réveiller. Maintenez cette pression avec votre doigt jusqu'à ce que le bébé se rendorme d'un sommeil profond. S'il se réveille complètement, il cherchera votre mamelon avec les mains et la bouche. Il vaut mieux alors lui redonner rapidement le sein et refaire une tentative lorsqu'il sera de nouveau profondément endormi. Il peut être nécessaire de s'y prendre trois ou quatre fois avant qu'il ne reste calme, mais le truc fonctionne généralement du premier coup si le bébé est vraiment profondément endormi et si vous avez été suffisamment patiente pour ne rien brusquer.

Comment faire faire un rot la nuit

Il serait utile que la mère apprenne une technique pour faire faire un rot au bébé sans qu'aucun des deux n'ait à sortir du lit. Plutôt que de vous lever et de placer le bébé sur votre épaule, vous pouvez demeurer couchée sur le côté, aider au bébé à s'asseoir appuyé contre vous alors que vous exercer une pression sur son abdomen. Le bébé n'a pas besoin de faire de rots aussi souvent la nuit que le jour, sans doute parce qu'il tète plus calmement durant la nuit et, par conséquent, avale moins d'air.

Le mythe du « gavage »

Notre bébé de six mois se réveille plus souvent la nuit et semble vraiment affamé. Est-ce un signe qu'il est temps de commencer les aliments solides? »

La plupart des bébés n'ont pas besoin d'aliments solides avant l'âge de six mois (ou même plus tard pour certains d'entre eux). Si l'intervalle des tétées se rapproche vers cet âge, il s'agit probablement d'un signe indiquant que ses besoins nutritifs augmentent; ceux-ci peuvent être comblés soit par des tétées plus fréquentes, soit en introduisant des aliments solides à son régime. Si, après avoir augmenté la fréquence des tétées, votre bébé semble satisfait, il n'y a pas de raison d'introduire les aliments solides pour l'instant. Si toutefois vous ne désirez pas augmenter la fréquence des tétées ou si votre bébé n'est pas satisfait de ce régime exclusivement liquide, alors il peut être temps d'introduire les aliments solides. La façon dont le bébé bouge la langue et avale lorsqu'on lui offre des aliments solides vous indiquera également s'il est prêt à franchir cette étape. Mettez une petite quantité de banane mûre écrasée sur le bout de votre doigt et déposez cette purée sur la langue de votre bébé. S'il rentre la langue, c'est qu'il est prêt ; s'il la sort, il ne l'est pas. Votre bébé ne se réveillera pas moins souvent la nuit si vous le gavez d'aliments solides, comme des céréales, avant le coucher.

L'effet des aliments de « gavage » sur les réveils la nuit

Une des solutions de longue date pour faire dormir le bébé plus longtemps la nuit est de lui donner des céréales avant de le coucher. Ce mythe du « gavage » est une pratique risquée qui peut nuire au contrôle de l'appétit plus tard. De fait, des études réalisées auprès de bébés de quatre mois ont révélé que l'introduction précoce de céréales dans l'alimentation du bébé n'avait absolument aucune influence sur la durée du sommeil ininterrompu, sur la fréquence des épisodes de réveils nocturnes et sur la proportion d'heures de sommeil diurne par rapport au sommeil nocturne.

Nourrir à la demande ou selon un horaire ?

Avec l'avènement des préparations lactées pour nourrissons, un horaire rigide de tétées aux quatre heures a été imposé aux bébés dans l'espoir qu'ils pourraient être entraînés à suivre un horaire d'éveil et de sommeil régulier et prévisible. Des études ont démontré que le fait de nourrir le bébé selon un horaire ou à la demande ne diminue pas la fréquence de ses réveils la nuit (Parmlee, 1964).

Les biberons de nuit

Pour endormir le bébé nourri au lait artificiel, on peut avoir recours au biberon soit au moment du coucher ou durant la nuit. Toutefois, il ne faudrait pas laisser le bébé boire au biberon une fois qu'il est endormi. Lorsque le bébé s'endort, il sécrète moins de salive et le pouvoir de rinçage de celle-ci est moins efficace. Les dents baignent alors toute la nuit dans les sucres que contiennent les préparations lactées (ou les jus). Cette situation a pour résultat de favoriser l'apparition d'importantes caries sur les incisives du bébé, c'est ce qu'on appelle la carie du biberon. Ce problème dentaire survient très rarement chez le bébé allaité. Le bébé nourri au biberon devrait également être avec ses parents au moment de s'endormir. On ne devrait pas le laisser seul avec un biberon.

Que faire lorsque le bébé ne veut pas abandonner son biberon de lait ou de jus ? Certains bébés ont besoin de téter pour dormir, même jusqu'à l'âge de deux ou trois ans. Un truc utile, appelé « diluer avec de l'eau », tient compte de ce besoin nocturne tout en prévenant la carie du biberon. Il s'agit de diluer très graduellement le lait ou le jus avec de l'eau. Au bout de quelques semaines, le biberon ne contiendra plus que de l'eau.

Les aliments qui peuvent nuire au sommeil

La caféine

Les réactions à la caféine varient énormément d'un individu à l'autre. Elle empêche certaines personnes de dormir alors qu'elle a très peu d'effets chez d'autres. La caféine est transmise au bébé par le lait de la mère et peut perturber son sommeil et son comportement. Elle est toutefois présente en très petites quantités dans le lait maternel. Il faudrait donc que la mère en ingère beaucoup (au moins six tasses de café) avant de noter un effet sur son bébé. Mais, là encore, il y a de grandes différences dans les réactions des mères et des bébés à la caféine. La caféine prolonge habituellement le temps nécessaire pour s'endormir et perturbe les phases normales de sommeil. Les personnes qui cessent de consommer de la caféine après en avoir consommé beaucoup risquent d'avoir des maux de tête et de se sentir moins alertes et plus irritables. Parmi les aliments contenant de la caféine, il y a le café, les boissons gazeuses, le thé et le chocolat. La mère qui allaite devrait également savoir que certains médicaments disponibles sans ordonnance, notamment les remèdes contre le rhume et les maux de tête ainsi que les pilules amaigrissantes, contiennent des quantités appréciables de caféine. Lisez bien les étiquettes si votre bébé réagit à la caféine.

La nicotine

Les personnes qui fument prennent généralement plus de temps à s'endormir et restent éveillées plus longtemps durant la nuit, un effet similaire à celui de la caféine. Des études ont révélé que le tabagisme peut diminuer le taux de prolactine chez les mères qui allaitent, surtout chez celles qui fument plus de quinze cigarettes par jour (Nybor, 1982). La nicotine est également associée au sevrage précoce et à une faible production de lait.

L'alcool

Une petite quantité d'alcool, un verre de vin par exemple, peut aider une personne à s'endormir plus vite et n'aura que peu d'effets nocifs sur son sommeil par la suite, mais une consommation importante avant d'aller se coucher aura des conséquences indésirables sur le sommeil de la deuxième moitié de la nuit. La personne ayant trop bu s'endormira plus vite et semblera en état de stupeur, mais, une fois les effets de l'alcool dissipés, elle dormira moins profondément et se réveillera plus tôt avec les symptômes de la gueule de bois : bouche sèche, muscles endoloris, maux de tête lancinants et rythme cardiaque accéléré. L'alcool supprime généralement le sommeil paradoxal. Les alcooliques chroniques ont souvent des cauchemars et ceux-ci sont plus violents lorsqu'ils sont en état de manque. Règle générale, une consommation excessive d'alcool perturbe le sommeil au lieu de l'améliorer.

La malbouffe

Les aliments riches en sucre de canne et en colorants artificiels risquent de nuire au sommeil. Certains enfants sont plus sensibles que d'autres aux effets de la malbouffe. Nombreux sont les enfants qui réagissent aux aliments riches en sucre et en colorants par une diminution de la capacité de concentration, une performance scolaire médiocre, une humeur changeante et un sommeil perturbé.

L'hypoglycémie réactionnelle peut perturber le sommeil. Par exemple, si l'enfant consomme un repas riche en sucre avant d'aller se coucher, le taux de sucre dans son sang sera très élevé lorsqu'il s'endormira. Ce taux élevé de sucre déclenche la sécrétion d'une quantité excessive d'insuline qui peut faire chuter très rapidement le taux de sucre dans le sang durant la nuit. Comme le cerveau a grand besoin, pour son bon fonctionnement, d'un taux adéquat de sucre dans le sang, un taux trop bas de cette substance risque de perturber le sommeil.

Les meilleures sources de sucre pour les enfants sont les sucres naturels provenant des produits laitiers (à moins que l'enfant ne soit allergique au lait) et des fruits. Le sucre provenant de cette dernière catégorie d'aliments, le fructose, ne provoque pas d'hypoglycémie réactionnelle. Pour cette raison, des collations de fruits au moment du coucher risquent moins de perturber le sommeil que les friandises. On peut utiliser le fructose (le miel, le jus concentré non sucré) comme édulcorant au lieu du sucre ordinaire, surtout dans les pains et les pâtisseries. (Il ne faut cependant pas donner de miel à un bébé de moins d'un an.)

Les aliments qui aident à dormir

Le L-tryptophane est une substance efficace pour induire le sommeil qui a beaucoup attiré l'attention des journaux. Il ne s'agit pas d'un médicament, mais plutôt d'un acide aminé que l'on retrouve à l'état naturel dans l'organisme et dans de nombreux aliments. On consomme en moyenne d'un à deux grammes de tryptophane par jour dans les aliments. Le fromage, le lait, les œufs, la viande de porc et de veau sont riches en tryptophane. On extrait maintenant le tryptophane des aliments et on le vend dans les boutiques d'aliments naturels et les pharmacies. Il semble que le tryptophane aide au sommeil lorsque l'organisme le convertit en sérotonine. On trouve de grandes quantités de sérotonine dans le cerveau et on croit que sa présence est essentielle au sommeil.

Il est possible que le tryptophane soit le somnifère de Dame Nature. Des recherches ont révélé que le fait de prendre un gramme de tryptophane quarante-cinq minutes avant le moment où on veut dormir, peut réduire considérablement le temps requis pour s'endormir. Le tryptophane ne semble pas perturber les phases du sommeil ni donner la gueule de bois le lendemain, comme c'est le cas pour de nombreux somnifères. Cette substance semble être un somnifère naturel sûr et efficace chez les adultes. Les seuls effets secondaires apparents notés jusqu'à présent sont des nausées et des vomissements suivant l'administration de doses élevées. Les parents doivent tout de même s'informer auprès de leur médecin avant de prendre des suppléments de tryptophane.

Une collation appropriée avant d'aller au lit

Idéalement, la collation du coucher devrait comprendre des aliments riches en tryptophane, en calcium et en hydrates de carbone provenant de sources saines (fruits et grains entiers). Les hydrates de carbone et le calcium augmentent l'efficacité du tryptophane. On ne devrait pas donner de sucres collants (miel, caramel, sirop et raisins secs) aux enfants avant de les coucher, car ils provoquent des caries dentaires. Ces sucres restent plus longtemps en contact avec les dents et le pouvoir de rinçage de la salive est moins grand durant le sommeil. Voici quelques suggestions de collations avant d'aller au lit :

- un verre de lait chaud (pour les enfants sevrés) ;
- du fromage et des craquelins ;
- un bol de céréales avec des fruits ;

- de la crème glacée sucrée naturellement ;
- un sandwich au beurre d'arachide ;
- un yogourt aux fruits ;
- du yogourt et des céréales à grains entiers.

Souvenez-vous que l'estomac de l'enfant ne doit être ni trop plein, ni trop vide au moment d'aller dormir.

RÉFÉRENCES

Bourne, M. 1983. The sleep of a mother after birth. *Midwives Chron*, August, p. 27.

Carey, W.B. 1975. Breastfeeding and night waking. *J Pediatr* 87:327.

Graf.M.V. et al. 1984. Presence of delta-sleep-inducing peptide-like material in human Milk. *J Clin Endocrinol Metab* 59:127.

Hofer, M. 1982. Some thoughts on "The transduction of experience" from a developmental perspective. *Psychosom Med* 44:19.

Hofer, M. and Shair, H. 1982. Control of sleep-wake states in the infant rat by features of the mother-infant relationship. *Dev Psychobiol* 15:229.

International Childbirth Education Association. 1969. *ICEA News* 8 (1): 4.

Hopkinson, J. et al. 1992. Milk production by mothers of premature infants: Influence of cigarette smoking. *Pediatrics* 90:934.

Jellife, D.B.and Jelliffe, E.F.P. 1978. *Human Milk in the Modern World.* Oxford: Oxford University Press.

Mansbach, I. et al. 1991. Onset and duration of breastfeeding among Israeli mothers: Relationships with smoking and type of delivery. *Soc Sci Med* 33:1391.

Lucas, A. et al. 1992. Breast milk and subsequent intelligence quotient in children born preterm. *Lancet* 339:261.

Nybor, A. et al. 1982. Suppressed prolactin levels in cigarette smoking breastfeeding women. *Clin Endocrinol* 17:363.

Parmlee, A. 1964. Infant sleep patterns: from birth to 16 weeks of age. *Pediatrics* 65:576.

Raphaël, D. 1976. Night waking: a normal response? *J Pediatr* 88:169.

Rogan, W. et al. 1993. Breastfeeding and cognitive development. *Early Hum Dev* 31:181.

Chapitre 7

Les causes du réveil la nuit chez le bébé et l'enfant

Vous savez maintenant qu'il est inévitable que l'enfant se réveille la nuit. Ce n'est pas facile à supporter pour les parents, mais c'est également difficile pour les bébés. Il y a heureusement certains facteurs que vous pouvez contrôler. Dans ce chapitre, nous allons aborder les raisons émotionnelles, physiques, environnementales et médicales pour lesquelles votre enfant peut se réveiller la nuit.

Les causes émotionnelles

Durant la première ou la deuxième année, l'anxiété de la séparation est la principale cause émotionnelle de réveil durant la nuit. Ce n'est que vers l'âge de trois ans que l'enfant est capable de comprendre que, même s'il ne les voit pas, sa mère et son père continuent d'exister et qu'ils reviendront.

Quelquefois, un bébé, qui a été sevré du lit de ses parents et installé dans une autre chambre avant d'y être prêt, commencera à se réveiller fréquemment la nuit. L'harmonie que vivait l'enfant auparavant la nuit a été perturbée. Il ne réalise peut-être pas que son père et sa mère sont simplement dans la pièce d'à côté. Il n'est plus en harmonie avec son environnement nocturne et l'anxiété de la séparation apparaît, conduisant à des réveils fréquents durant la nuit. Le rétablissement des conditions prévalant avant la rupture de l'harmonie suffit généralement à corriger le problème.

Les peurs, les cauchemars et les rêves troublants sont les raisons émotionnelles les plus courantes pour lesquelles l'enfant de plus de deux ans se réveille la nuit. L'enfant déforme souvent la réalité dans ses rêves. Le gentil chien du voisin devient alors un monstre terrifiant.

Le jeune enfant revivra souvent en rêve les expériences de la journée. Attendez-vous à ce que votre enfant se réveille plus fréquemment la nuit lorsque la routine familiale a été perturbée, que ce soit par des événements agréables ou non. Les parents peuvent influencer le contenu des rêves de leur jeune enfant en l'exposant le moins possible durant le jour à des effets visuels perturbateurs, comme la violence ou les histoires fantastiques à la télévision. Ne sous-estimez pas l'influence des émissions télévisées sur le subconscient de l'enfant.

Attendez-vous également à ce que l'enfant ait un sommeil perturbé s'il y a rupture de l'harmonie familiale, par exemple en raison d'une séparation, d'un divorce, d'une maladie ou d'une querelle de ménage. Ceci est surtout vrai dans les foyers où prévalait l'harmonie auparavant. Lorsqu'un des membres de la famille est affecté, c'est toute l'entité familiale qui est atteinte. Les troubles du sommeil sont particulièrement courants chez les jeunes garçons après une séparation d'avec leur père, c'est ce qu'on appelle le désir du père. Lorsque le couple est en situation de crise, certains enfants luttent férocement contre le sommeil, alors que d'autres, au contraire, dorment davantage. Il s'agit d'une façon pour eux de se retirer d'une situation qu'ils ne peuvent comprendre ou à laquelle ils ne peuvent faire face. En cas de séparation ou de divorce, les querelles pour la garde et la visite des enfants provoquent très souvent des problèmes de sommeil chez le bébé, surtout s'il doit dormir loin de sa mère avant d'être sevré.

Les causes physiques

Votre bébé a peut-être faim

Le tout jeune bébé a un petit estomac, environ de la grosseur de ses petits poings. Le système digestif du bébé a été conçu pour de petits repas fréquents. Pendant les premiers mois, attendez-vous donc à ce que votre bébé ait besoin de téter au moins toutes les deux ou trois heures, jour et nuit.

Le bébé est mouillé

La plupart des bébés s'habituent à une sensation d'humidité occasionnelle et, par conséquent, ne sont pas dérangés par le fait d'être mouillés. Si vous utilisez des couches de tissu, vous pouvez en mettre deux au bébé pour la nuit afin de réduire l'inconfort.

Le bébé a trop froid ou trop chaud

Habillez et couvrez votre bébé aussi chaudement ou aussi légèrement que vous le feriez pour vous. Il faut ajouter une épaisseur supplémentaire au bébé prématuré, à celui qui pèse moins de 4,5 kg (10 lb) ou qui a peu de graisse pour rester au chaud. Les vêtements de coton sont les meilleurs, car ils absorbent l'humidité du corps et laissent circuler l'air librement. Les vêtements devraient être suffisamment amples pour permettre de bouger librement. Vérifiez de temps à autre si les pieds du pyjama de votre bébé ne sont pas trop serrés. Certains petits bébés ont froid aux pieds et ont besoin de chaussons pour la nuit.

Votre bébé perce des dents

La douleur causée par la percée des dents est souvent responsable de réveils plus fréquents la nuit chez les bébés âgés de cinq et sept mois qui dormaient bien auparavant. Même si les dents n'apparaissent pas avant l'âge de six ou huit mois, la douleur causée par la dentition peut commencer dès l'âge de quatre mois et être accompagnée d'une sécrétion abondante de salive qui fait baver le bébé. Si le drap du lit est mouillé à l'endroit où il pose la tête et s'il a une éruption sur les joues et le menton à force de se frotter contre les draps imprégnés de salive, ce sont là des signes indiquant que votre bébé perce des dents. La dentition peut continuer pendant plusieurs mois à troubler le sommeil de l'enfant puisque les dents vont pousser jusqu'à l'âge de deux ans, jusqu'à l'apparition des dernières molaires. (Pour plus d'informations sur la dentition, voyez sur la page suivante le témoignage *Il perce des dents et se réveille plus souvent la nuit.*)

Le bébé se développe

Votre bébé peut pratiquer une habileté nouvellement acquise même lorsqu'il dort. Des gestes comme saisir, ramper, se relever ou se retourner peuvent le réveiller.

Il perce des dents et se réveille plus souvent la nuit

Notre bébé de six mois est un si bon bébé. Il dort habituellement toute la nuit, mais même s'il se réveille une ou deux fois pour téter, il se rendort très facilement dans son propre lit. Toutefois, depuis quelques semaines il se réveille plus souvent et cela me prend parfois une heure pour le rendormir. Se pourrait-il que ce soit à cause de ses dents ?

Entre quatre et six mois, le bébé traverse une période où il est souvent congestionné, car il sécrète plus de salive en prévision de la dentition. Cette surabondance de salive se retrouve au fond de sa gorge, ce qui le réveille. Il ne s'agit pas ici d'un rhume, mais simplement d'un ennui de nature mécanique. Le mucus est trop loin dans la gorge et dans le nez du bébé pour sortir facilement et les parents se sentent frustrés lorsqu'ils essaient de soulager le bébé.

Le bébé peut aussi se réveiller à cause de la douleur résultant de la distension et de la percée des gencives sous la poussée des dents. Les douleurs de dentition (ou tout autre type de sensation désagréable de pression) sont difficiles à soulager et sont suffisamment intenses pour tirer le bébé d'un sommeil profond. Cette situation est pénible et source de problèmes, mais vous pouvez faire quelque chose pour soulager votre bébé. Donnez-lui la dose indiquée d'acétaminophène au coucher et une autre lorsqu'il se réveille la nuit, à condition que l'intervalle entre les deux doses soit d'au moins trois heures. Rendormir un bébé dans cette situation risque d'être plus long que d'habitude. Attendez-vous donc à répéter les rituels incitant au sommeil. Organisez-vous pour que les deux parents se partagent la tâche en prenant le bébé, en le promenant dans leurs bras et en le berçant à tour de rôle.

Il arrive que les réveils nocturnes du bébé ne soient pas que temporaires et qu'il ne retrouve pas ses anciennes habitudes de sommeil, même après quelques nuits passées à le réconforter. Dans ce cas, il est possible que la douleur qui l'a réveillé ait augmenté son anxiété d'être séparé de vous. Vous devrez peut-être revoir les arrangements pour la nuit et les routines du coucher et réajuster vos attentes.

Les causes environnementales

La température ambiante

La constance de la température dans la chambre du bébé est un facteur aussi important, sinon plus, que la température elle-même. Chez le bébé prématuré et celui pesant moins de 2,5 kg (5 ½ lb), le système régulateur de la température du corps est immature à la naissance et ils ont besoin d'une température raisonnablement constante pour éviter un refroidissement. Chez le bébé né à terme et en santé qui pèse plus de 3,6 kg (8 lb), la couche de graisse est suffisante et le système qui régularise sa température corporelle a atteint une maturité qui lui permet de se sentir confortable dans un environnement similaire à celui de l'adulte moyen. Comme le bébé est incapable, au cours des premières semaines, de s'ajuster à des changements brusques de la température ambiante, il est préférable de garder la pièce où il se trouve à une température constante d'environ 21 degrés Celsius (70 degrés Fahrenheit).

L'humidité relative est un facteur tout aussi important à considérer dans l'environnement du bébé. Le bébé est plus confortable dans un environnement où l'air ambiant contient environ 50 pour cent d'humidité. L'humidité aide à garder la température constante. Le nez du bébé, dont le passage est déjà étroit, risque de s'obstruer si l'air est trop sec. Je vous recommande d'utiliser un humidificateur ou un vaporisateur dans la chambre où dort le bébé, surtout durant les mois d'hiver pour les maisons dotées d'un système de chauffage central. Nettoyez le vaporisateur une fois par semaine afin d'y enlever les substances allergènes comme la moisissure. Lorsque vous voyagez avec un jeune bébé, il est sage d'emporter un vaporisateur durant les mois d'hiver, surtout si vous avez à séjourner dans des motels ou des chalets chauffés à l'électricité.

Les substances irritantes

Certaines substances présentes dans l'air peuvent obstruer le nez du bébé et lui irriter les yeux, ce qui aura pour effet de le réveiller. Évitez d'exposer votre bébé à la fumée de cigarette, à la poudre pour bébé, aux odeurs de peinture, de parfums et de fixatifs à cheveux ainsi qu'aux peluches des vêtements. Lavez les vêtements et la literie du bébé avant de les utiliser pour la première fois. La fumée de cigarette est la substance irritante la plus courante susceptible de provoquer des reniflements. Je recommande fortement aux parents d'interdire de fumer lorsqu'il y a un bébé dans la maison.

Les bruits

Au cours des premiers mois, le bébé est plus facilement réveillé par le bruit que par la lumière ou le toucher. Pendant cette période, la prédominance de sommeil paradoxal (une phase de sommeil plus actif ou plus « conscient ») et les passages plus fréquents du sommeil paradoxal au sommeil lent sont probablement responsables de la sensibilité accrue du bébé aux stimuli environnementaux. En général, plus les bruits environnementaux sont constants, moins ils risquent de réveiller le bébé. Plus ils ressemblent aux bruits qu'entendait le bébé pendant sa vie intra-utérine, moins ils le dérangeront. En grandissant, habituellement vers l'âge de quatre mois, le bébé devient moins sensible aux bruits environnementaux.

Les causes médicales

Le nez congestionné

Les bébés ont des voies nasales étroites et ils respirent par le nez. Par conséquent, la plus petite congestion nasale peut les déranger. Certaines causes de congestion nasale ont été citées précédemment dans les substances irritantes. Comme le bébé est trop jeune pour se moucher efficacement, les conseils suivants aideront à le décongestionner. Préparez des gouttes pour le nez en ajoutant une pincée de sel à un verre d'eau (pas plus d'un quart de cuillérée à thé de sel par 250 ml d'eau). À l'aide d'un compte-gouttes en plastique, versez quelques gouttes dans chaque narine. Ces gouttes aideront à diluer les sécrétions et feront tousser ou éternuer le bébé, ce qui est son propre mécanisme de protection pour dégager ses voies respiratoires. Ensuite, à l'aide d'une poire nasale en caoutchouc (disponible dans toutes les pharmacies), aspirez délicatement les sécrétions du nez de votre bébé. La plupart des bébés protestent contre cette intrusion dans leur nez. Votre bébé respirera mieux et, par conséquent, s'endormira plus facilement si vous utilisez un humidificateur ou un vaporisateur et si vous évitez de l'exposer à des substances allergènes ou irritantes pour ses voies respiratoires.

Les allergies

En plus des substances irritantes, les allergies, surtout celles aux substances de l'environnement dans lequel dort votre bébé, peuvent augmenter ses sécrétions nasales et respiratoires et ainsi nuire à son sommeil. Les allergènes respiratoires les plus fréquents que votre bébé peut rencontrer sont la fumée de cigarette, la poussière de maison, les produits laitiers, les parfums et les fixatifs à cheveux, les poils d'animaux (gardez les animaux hors de la chambre de l'enfant), les plantes, les vêtements (surtout la laine), les animaux en peluche, les oreillers de plume ainsi que les couvertures et les jouets duveteux qui accumulent la poussière.

Vous saurez que votre bébé a une réaction allergique à une substance quelconque de son environnement de sommeil, si vous remarquez un écoulement clair provenant du nez ou des yeux, des reniflements ou une congestion nasale persistante au réveil. Votre enfant dormira mieux si vous éliminez les allergènes potentiels de son lit et de sa chambre à coucher.

Les allergies alimentaires peuvent également être une cause de réveils la nuit. Le bébé qui semble incapable de dormir une bonne partie de la nuit, ou qui se réveille avec des douleurs soudaines semblables aux coliques et dont l'abdomen est tendu et gonflé par les gaz, réagit peut-être à un aliment du régime de sa mère qui l'allaite ou à un aliment qu'il a lui-même consommé. Ce bébé peut présenter d'autres symptômes d'allergies alimentaires comme des coliques, un caractère maussade, des éruptions cutanés, des otites à répétition ou des symptômes respiratoires. La mère qui allaite doit éliminer de son régime l'aliment responsable. Le lait de vache est le plus souvent coupable. Elle devrait éviter tous les produits laitiers et autres aliments pouvant contenir du lait, du fromage ou des protéines de lait. Il lui faudra peut-être lire les étiquettes attentivement. Certains bébés sont très sensibles. Les autres allergènes possibles sont les œufs, le blé, les agrumes, le maïs, les oignons, le poisson, les arachides, le chou, le chocolat et les autres noix.

Le reflux gastro-œsophagien

Les réveils nocturnes peuvent également être liés à des épisodes de reflux gastro-œsophagien (RGO), c'est-à-dire la régurgitation de l'acide gastrique dans l'œsophage, le tube reliant la bouche à l'estomac. Ce phénomène est assez douloureux pour les bébés, semblable aux brûlures d'estomac chez les adultes. Le reflux survient plus facilement lorsque le bébé est en position horizontale et, par conséquent, peut réveiller le bébé. Il existe de nombreux symptômes associés au RGO, notamment des cris de douleur, des régurgitations après les repas, des douleurs abdominales, de l'irritabilité après avoir mangé et des infections respiratoires fréquentes.

En tenant le bébé en position verticale pendant trente minutes après les repas, vous pouvez réduire les symptômes de RGO. Lui donner des repas plus petits mais plus fréquents aide également. Des études révèlent que le RGO est moins grave chez les bébés allaités. Parlez-en à votre médecin, il pourra vous faire d'autres suggestions pour aider votre bébé à se sentir mieux jusqu'à ce que ce problème disparaisse.

La fièvre

Attendez-vous à ce que votre enfant se réveille durant une maladie accompagnée de fièvre. Plusieurs virus provoquent une fièvre plus forte la nuit que le jour. Un médicament contre la fièvre peut faire baisser la température de votre enfant la nuit lorsqu'il est malade ou même lorsqu'il perce des dents. Si votre enfant souffre d'une maladie accompagnée de fièvre durant le jour, il est habituellement sage, même s'il semble ne pas avoir de la fièvre avant de se coucher, de lui administrer la dose indiquée de médication contre la fièvre au moment du coucher pour prévenir une poussée de fièvre pendant la nuit. En général, il n'est pas recommandé de réveiller un enfant qui dort pour prendre sa température. Ne faites que toucher ou embrasser son front.

Les otites

Une des causes les plus fréquentes de réveil la nuit chez le jeune enfant est l'otite. Voici la liste des symptômes que je donne à mes clients - « la liste du docteur Bill » - pour les aider à savoir quand un rhume ordinaire devient une otite :

1. lorsque l'écoulement nasal de l'enfant passe d'une consistance claire et aqueuse à une consistance épaisse et jaune (morve) ;
2. lorsque l'enfant a un rhume accompagné d'un écoulement jaune des yeux ;

3. lorsque l'enfant au caractère jovial devient irritable durant un rhume et dort moins bien.

Ce sont là des signes indiquant que le rhume de votre enfant s'est fort probablement transformé en otite, auquel cas il faut immédiatement consulter un médecin.

Il arrive parfois qu'un enfant qui souffre d'une otite se réveille fréquemment la nuit, mais semble aller mieux durant la journée. N'interprétez pas ceci comme un signe que l'infection disparaît. Emmenez quand même votre enfant chez le médecin le lendemain. Les otites dérangent davantage les enfants durant la nuit. Lorsque l'enfant est couché, le fluide infectieux exerce une pression sur le tympan. Lorsqu'il est debout, le liquide s'éloigne du tympan et la pression est moindre. Les bébés qui ont une otite s'assoient ou se lèvent dans leur couchette la nuit et les mères rapportent : « Il semble aller mieux lorsque je le prends, mais je ne peux le déposer. »

Le risque d'otites est une autre raison pour laquelle on ne devrait pas laisser le bébé dormir avec un biberon, parce que l'oreille moyenne devient ainsi plus sensible aux infections. Allaiter un enfant en position couchée ne semble pas causer de problèmes aux oreilles, à moins que le bébé ne soit particulièrement sujet aux otites à répétition.

Les vers

Les oxyures ressemblent à de tout petits bouts de fil blanc mesurant un peu moins d'un centimètre. La femelle, qui vit dans l'intestin, migre vers l'anus pour y pondre ses œufs. Cette activité provoque des démangeaisons intenses chez l'enfant, qui se réveille et se gratte la région de l'anus et des fesses, infestée d'œufs d'oxyures. Quelques-uns de ces œufs adhèrent sous ses ongles et se retrouvent dans la bouche de l'enfant. Ils sont aussi transmis à ses camarades de jeu et aux autres membres de la famille. Les œufs avalés vont éclore dans l'intestin des personnes touchées, les larves se développent, parviennent à maturité, s'accouplent et le cycle recommence.

Les démangeaisons et les marques de grattage autour de l'anus de votre enfant signifient peut-être qu'il a des oxyures. On peut parfois apercevoir ces vers la nuit, en écartant les fesses de l'enfant et en éclairant l'anus avec une lampe de poche. Si vous croyez que votre enfant est infesté de vers malgré que vous ne puissiez en apercevoir, placez un morceau de ruban adhésif sur un bâton de sucette ou un abaisse-langue, côté collant à l'extérieur, et pressez-le contre son anus. Les œufs, s'il y en a, colleront au ruban adhésif. Il vaut mieux faire ce test immédiatement au réveil de l'enfant, avant qu'il prenne un bain ou qu'il aille à la selle. Apportez le ruban adhésif à votre médecin où il pourra l'examiner au microscope et vous prescrire un traitement.

Les infections urinaires

Plus l'enfant est jeune, plus il est difficile de déceler les symptômes d'une infection urinaire. Si votre bébé ne va tout simplement pas bien (il ne prend pas suffisamment de poids, ses habitudes de sommeil ont changé, il souffre d'accès de fièvre récurrents et inexpliqués, de douleurs abdominales inexpliquées, de vomissements et de diarrhée, il ne grandit pas normalement, il semble fatigué sans raison), il devrait subir une analyse d'urine complète. Il est souvent difficile de diagnostiquer une infection urinaire.

Les douleurs nocturnes

Règle générale, une douleur qui tire l'enfant de son sommeil la nuit est plus sérieuse qu'une douleur qui survient durant la journée et il faut consulter un médecin à ce sujet. De plus, les parents doivent tenir compte du fait que les douleurs survenant la nuit risquent moins d'être d'origine psychologique que celles dont l'enfant se plaint durant le jour. La douleur est le système d'alarme du corps signalant que quelque chose ne va pas. Un des aspects les plus importants du rôle des parents la nuit consiste à prêter attention aux douleurs dont se plaint l'enfant.

L'enfant qui persiste à se réveiller la nuit

Se réveiller fréquemment la nuit est un comportement habituel et sain chez les nouveau-nés, mais les bébés plus âgés et les bambins devraient être capables de dormir pendant de plus longues périodes la nuit. Néanmoins, certains enfants qui dorment près de leur mère sont parfaitement heureux de téter toute la nuit. Certaines mères peuvent vivre avec cet effet secondaire du sommeil partagé alors que d'autres n'arrivent pas à se reposer lorsque l'enfant les réveille plusieurs fois par nuit.

Dans ma clientèle, il y des mères dont le bambin se réveille la nuit toutes les heures pour téter. Ces mères sont fatiguées et irritables. Même si elles souhaitent demeurer sensibles aux besoins de leur enfant la nuit, elles ont de plus en plus de difficulté à être le parent qu'elles souhaitent être durant le jour à cause du manque de sommeil. Lorsque les habitudes de réveil nocturne de votre enfant commencent à affecter les soins parentaux que vous lui donnez le jour, il est temps de jeter un regard réaliste sur la situation et de déterminer votre seuil de tolérance et ce que vous devez changer.

La première étape pour résoudre ce problème est de considérer les causes physiques possibles, expliquant l'insomnie de l'enfant. Des réveils fréquents la nuit peuvent être liés à des problèmes d'allergie ou d'intolérance alimentaire. Le fait d'éliminer les produits laitiers et autres allergènes communs de l'alimentation de la mère et de l'enfant aide parfois à améliorer le sommeil de l'enfant.

Certains bébés plus âgés et certains bambins tètent fréquemment la nuit parce qu'ils sont trop occupés (tout comme leur mère) pour bien téter durant le jour. Des séances d'allaitement plus longues et plus fréquentes durant le jour peuvent contribuer à réduire les tétées de nuit. Vous aurez peut-être à allaiter votre bébé dans un endroit calme, faiblement éclairé afin de minimiser les distractions et l'encourager à téter plus longtemps. Profitez-en pour vous reposer ou dormir un peu si vous vous sentez fatiguée et irritable. Passez aussi beaucoup de temps à faire avec votre enfant des activités autres que l'allaitement durant le jour. Il sentira peut-être moins le besoin de demander de l'attention au milieu de la nuit.

Il arrive souvent que les bébés et les bambins se réveillent plus fréquemment lorsqu'ils sont malades ou lorsqu'ils entament une nouvelle étape de leur développement. Quelquefois, les réveils persistent une fois l'étape de développement franchie ou lorsque l'enfant n'est plus malade ou ne souffre plus de symptômes d'allergie. L'enfant prend l'habitude de se réveiller la nuit et la mère finit par être épuisée et mécontente. Les parents doivent alors faire quelque chose. Voici quelques suggestions :

Remplissez-lui l'estomac

Lorsque votre enfant se réveille la nuit pour téter, assoyez-vous dans le lit avec lui et assurez-vous qu'il boit bien pendant dix à quinze minutes. S'il ne boit que pendant les quelques minutes nécessaires pour se rendormir, il se réveillera bientôt encore affamé.

Mettez un peu de distance entre vous

L'enfant qui dort tout contre votre sein est plus susceptible de rechercher le mamelon chaque fois qu'il bouge dans son sommeil. Essayez d'allaiter votre enfant sur un matelas placé par terre près de votre lit. S'il se réveille la nuit, vous pouvez vous glisser sur le matelas pour l'allaiter et ensuite remonter dans votre lit. Bon nombre d'enfants se réveillent moins souvent lorsque leur mère n'est pas directement à leur côté.

Apprenez-lui d'autres façons de s'endormir

Commencez à montrer à votre enfant d'autres façons de s'endormir à part l'allaitement. Allaitez-le jusqu'à ce qu'il soit détendu et somnolent, puis retirez votre sein et frottez-lui doucement le dos, bercez-le ou blottissez-le contre vous jusqu'à ce qu'il s'endorme. S'il se réveille la nuit, la mère ou le père peuvent essayer une de ces solutions au lieu de l'allaitement. Vous réussirez peut-être à le calmer et à le rendormir avant qu'il ne se réveille complètement et ne demande à téter. Il apprendra graduellement à s'endormir seul.

Établissez des règles pour la nuit

Un bambin plus âgé ou un enfant d'âge préscolaire devrait être capable d'accepter certaines limites en ce qui a trait à l'allaitement la nuit. Parlez-en le jour pendant plusieurs jours avant de les mettre en pratique. Expliquez-lui : « Tu tètes à l'heure de te coucher et puis, tu ne tètes pas avant que le soleil ne soit levé. » ou « Tu ne tètes pas tant que papa n'est pas levé. » Lorsque l'enfant se réveille la nuit, rappelez-lui les règles, réconfortez-le s'il est fâché, offrez-lui de l'eau, mais ne l'allaitez pas. Il peut protester contre ce nouvel arrangement et vous connaîtrez peut-être quelques nuits difficiles, mais la plupart des enfants apprennent rapidement à se réveiller moins souvent et à se rendormir sans être allaité.

Appelez le père à la rescousse

Si la mère est épuisée d'allaiter la nuit, il est temps que le père donne un coup de main. Lorsque l'enfant se réveille pour la troisième, la quatrième ou la cinquième fois en autant d'heures, c'est au tour du père de réconforter son enfant. Il peut se promener avec lui, le bercer, lui tapoter légèrement le dos, du moment que sa méthode fonctionne. Il est parfois nécessaire que le père intervienne surtout si la mère ne peut plus s'en tirer le jour en raison du manque de sommeil. Cette solution est parfois difficile à accepter pour une mère sensible et attachée, mais elle devrait se rappeler que laisser le père réconforter le bébé n'est pas comme laisser pleurer le bébé. Pleurer dans les bras d'une personne familière et bien-aimée n'a rien à voir avec le fait de laisser un bébé pleurer seul derrière les barreaux de sa couchette. Le père devra se montrer patient pendant que le petit apprend à accepter cette nouvelle façon d'être réconforté. Il sera récompensé lorsque l'enfant aura découvert qu'il peut compter autant sur son père que sur sa mère pour répondre à ses besoins.

Il serait préférable d'essayer cette approche pendant une fin de semaine, lorsque le père n'a pas à se lever pour aller travailler le lendemain. Si la mère n'arrive pas à dormir lorsque son bébé pleure, elle ou le père et l'enfant peuvent aller dans une autre pièce, hors de portée de voix.

Chapitre 8

Le bébé aux besoins intenses : le rôle des parents la nuit

L'un des aspects « pour le meilleur et pour le pire » du rôle des parents la nuit est que le bébé qu'on dit facile s'endort plus aisément que le bébé difficile. Le type de sommeil d'un bébé reflète habituellement son tempérament. Le bébé facile semble davantage capable de dormir d'un sommeil profond tandis que le bébé difficile sera souvent dans son sommeil à l'image de sa personnalité éveillée.

Ce bébé épuisant porte plusieurs qualificatifs : bébé maussade, bébé difficile, bébé qui souffre de coliques et bébé exigeant. À mesure que ce type de bébé grandit, on lui appose l'étiquette des « terribles deux ans », d'enfant hyperactif, d'enfant rebelle. Je préfère dire qu'**il s'agit de bébés et d'enfants aux besoins intenses**. C'est une façon plus délicate de les identifier et cette expression définit d'une manière plus appropriée ce que sont vraiment ces enfants et quel type de soins ils doivent recevoir de leurs parents, la nuit comme le jour.

Comment identifier l'enfant aux besoins intenses

Vous pouvez identifier très tôt le bébé aux besoins intenses. La mère ne peut le déposer, ses réactions sont imprévisibles. Un jour il est satisfait, mais le lendemain le même geste n'arrive pas à le satisfaire. Il met constamment au défi l'imagination de ses parents. Une mère m'avouait : « Juste au moment où je pense avoir gagné la partie, mon bébé change toutes les règles du jeu. » À l'école, cet enfant défie l'imagination de l'enseignant au même titre qu'il défie celle de ses parents. Il est souvent injustement qualifié d'hyperactif ou d'enfant ayant des problèmes d'apprentissage, ce qui illustre la disparité entre les besoins de l'enfant et le système scolaire. Cet enfant a besoin de soins pédagogiques au-dessus de la moyenne, de la même façon qu'il a besoin de soins parentaux au-dessus de la moyenne. Il s'adapte mal aux systèmes conçus en fonction de l'enfant moyen et, si on le force à s'adapter, il s'ennuie et accumule les frustration. Son comportement se détériore alors pour devenir de plus en plus indésirable.

Le bébé aux besoins intenses est hypersensible, souvent maussade et traverse des périodes prolongées de pleurs, apparemment sans cause, qui nuisent à son sommeil, à son alimentation et à sa détente. Il a constamment besoin de contact physique. Il est fréquemment insatisfait et réagit d'une façon imprévisible aux modes habituels de réconfort. C'est un bébé qui exige beaucoup de temps et d'énergie, qui provoque parfois des sentiments négatifs chez sa mère, qui cause des tensions dans le mariage de ses parents et constitue une source d'anxiété et de fatigue pour toute la famille, à commencer par lui-même.

Des études ont démontré une corrélation entre le tempérament du bébé et ses habitudes de sommeil. Dans ces études, les bébés faciles étaient définis comme étant prévisibles, qui s'adaptent facilement, faciles d'approche et de bonne humeur. Les bébés difficiles étaient imprévisibles, s'adaptaient lentement, se laissaient approcher avec réticence et réagissaient avec intensité et de façon négative. Les chercheurs ont trouvé que les bébés difficiles dormaient environ deux heures de moins que les bébés faciles durant la nuit et une heure de moins durant le jour. Le bébé doté d'un tempérament très actif pendant le jour a généralement un sommeil plus agité la nuit.

Problèmes de sommeil chez l'enfant aux besoins intenses

Une mère fatiguée m'a demandé un jour : « Pourquoi les bébés aux besoins intenses ont-ils de plus grands besoins que les autres pour tout, sauf le sommeil ? » Il semble y avoir, en effet, une contradiction entre le tempérament de ces enfants et leurs besoins de sommeil. On pourrait s'attendre à ce qu'ils aient besoin d'une plus grande quantité de sommeil (en tout cas, les parents épuisés en ont besoin, eux !). Je crois que ce type d'enfant est plus sujet aux problèmes de sommeil pour deux raisons : un niveau d'adaptabilité différent et une barrière contre les stimuli moins efficace.

Le niveau d'adaptabilité

Au début, de nombreux bébés sont maussades parce qu'ils sont incapables de s'ajuster à la vie hors de l'utérus. Ils ne se sentent tout simplement pas bien. La vie intra-utérine leur manque. Pensez à la façon dont vit le fœtus dans l'utérus. Il est bien à l'abri, dans un milieu toujours égal, tant sur le plan du mouvement, du toucher que de la température. Ses besoins sont comblés invariablement et automatiquement. Il est continuellement alimenté et la plupart des bruits de son environnement sont rythmés. Dans le ventre de sa mère, le bébé est en harmonie avec son environnement. Tout changement survient de façon progressive. Puis arrive la naissance. Les changements à la naissance et au cours de la période post-partum sont soudains. La vie hors de l'utérus n'est pas aussi sécurisante et les besoins du bébé ne seront plus jamais satisfaits d'une manière aussi automatique ou prévisible.

Un bébé satisfait se sent bien dans son environnement. Il peut s'ajuster facilement aux changements, il recherche les expériences agréables et s'adapte à celles qui ne le sont pas. Le bébé maussade est insatisfait ; il ne se sent pas bien. Il est incapable de s'adapter à la vie postnatale et, pourtant, il cherche intensément à être confortable. Ce conflit entre le désir de confort et l'incapacité d'y parvenir engendre un comportement maussade.

La barrière contre les stimuli négatifs

Le bébé peut aussi être maussade à cause de ce qu'on appelle la barrière contre les stimuli négatifs. Cette barrière permet au bébé de recevoir les stimuli agréables et de bloquer ceux qui sont désagréables. Cela fait partie de l'adaptation du bébé à la vie postnatale. Vous remarquerez que certains bébés évitent les bruits désagréables ou la douleur en s'endormant. La barrière contre les stimuli négatifs se développe plus rapidement et à un niveau plus élevé chez certains bébés. Chez les bébés maussades, elle semble plus perméable, ce qui les rend plus sensibles à leur environnement.

Selon les spécialistes du sommeil, l'efficacité de la barrière contre les stimuli négatifs détermine le **seuil sensoriel**, c'est-à-dire le niveau de stimulation nécessaire pour déclencher une réaction perceptible. Plus simplement, on peut dire que le seuil sensoriel révèle jusqu'à quel point il faut déranger le bébé pour obtenir une réaction. Si le bébé réagit

Un nouveau-né qui ne dort pas

Je croyais que les nouveau-nés ne faisaient que dormir et manger. Le mien ne fait que manger. Nous sommes revenus de l'hôpital il y a trois jours et je n'ai pas encore eu une nuit de sommeil décente. Le jour, le bébé veut être constamment dans mes bras, il dort très peu et il tète presque toutes les heures durant la nuit. Je suis épuisée, j'ai besoin d'aide.

Votre bébé n'est probablement pas le nouveau-né « moyen » qu'on décrit dans les livres : celui qui dort dix-huit heures par jour et ne se réveille qu'une ou deux fois par nuit. Vous avez un bébé au-dessus de la moyenne qui a besoin de soins au-dessus de la moyenne. Plus tôt vous reconnaîtrez ceci et développerez des attentes réalistes en ce qui concerne le comportement de votre bébé et vos propres capacités à vous en occuper, plus vous profiterez de la joie d'être avec votre enfant.

Parlez-en à votre conjoint et discutez ensemble des besoins du bébé. Encouragez-le à lire certaines parties du présent ouvrage. Il faut au bébé aux besoins intenses deux parents profondément engagés dans leur rôle. Le père n'a pas vraiment le choix, car le bébé a besoin que ses parents se partagent les soins à lui donner. Trouvez-vous de l'aide pour les tâches domestiques : votre mère, votre belle-mère ou toute autre personne qui peut faire la cuisine et nettoyer la maison.

Dressez la liste de vos priorités. Vous n'avez pas besoin d'être à la fois la compagne, la ménagère, l'hôtesse et la mère parfaite. Pendant les premiers mois, considérez-vous en congé de maternité de toutes ces obligations. Une seule chose compte plus que tout le reste : materner votre bébé. Lorsque les besoins de votre bébé diminueront en intensité et que vous retrouverez votre énergie, vous pourrez reprendre graduellement quelques-unes de ces autres occupations.

Dormez avec votre bébé. Faites la sieste en même temps que lui et accueillez-le dans votre lit la nuit. Votre bébé peut opposer une vive résistance à toute tentative de modifier ses habitudes de sommeil. Au cours des premières semaines, il sera plus simple de vous ajuster au sommeil de votre bébé, plutôt que d'essayer le contraire. À mesure que votre bébé grandira, son sommeil sera mieux organisé. Entourez-vous de personnes qui sauront vous appuyer et vous encourager lors des journées plus difficiles.

fortement à une stimulation très faible, son seuil sensoriel est bas ; s'il réagit très peu à une stimulation de grande intensité, il a un seuil sensoriel élevé, c'est-à-dire une barrière contre les stimuli négatifs très efficace. Des études ont révélé que les nourrissons ayant un seuil sensoriel bas se réveillaient plusieurs fois par nuit, tandis que ceux qui avaient un seuil sensoriel élevé se réveillaient moins souvent.

Les bébés et les jeunes enfants sont plus susceptibles de se réveiller la nuit. À mesure que grandit l'enfant, le nombre de périodes critiques de sommeil où il risque de se réveiller diminue. Cette maturité dans le sommeil semble se manifester plus tard chez l'enfant aux besoins intenses. Très sensible aux stimuli environnementaux durant la journée, il a également le sommeil très « sensible » la nuit. Les parents d'un enfant aux besoins intenses le décriront souvent comme un enfant « épuisant mais brillant ». Il semble en état constant d'éveil et d'alerte, jour et nuit, comme s'il possédait une lumière intérieure qui reste toujours allumée. Son système de radar interne est toujours aux aguets, à s'intéresser aux stimuli autour de lui. L'ennui, c'est que cet enfant ne veut jamais éteindre sa lumière ou fermer son radar interne. Il ne se détache pas facilement de ce qui l'entoure. Il ne laisse pas tomber facilement et, par conséquent, s'endort très difficilement. Il n'est pas réaliste d'espérer coucher ce genre d'enfant vers dix-neuf heures. Certains spécialistes sont d'avis que c'est la **capacité de rester éveillé** qui refléterait la maturation du cerveau, plutôt que la capacité de s'endormir ou de dormir toute la nuit.

Survivre et s'épanouir avec un bébé aux besoins intenses

Comme la plupart des caractéristiques de l'enfant aux besoins intenses proviennent de son tempérament inné, de la lenteur de son adaptation à la vie hors de l'utérus, de l'immaturité de sa barrière contre les stimuli négatifs et de son haut niveau de conscience, les parents devront tenir compte de tous ces facteurs lorsqu'ils lui prodigueront des soins la nuit.

Arrangez-vous pour garder le bébé avec vous dès la naissance

Faites en sorte que le passage de l'utérus au monde extérieur se fasse en douceur. Quel que soit le type d'accouchement choisi, prévoyez la cohabitation avec le bébé, à moins que ne survienne quelque complication d'ordre médical. Les bébés qui cohabitent avec leur mère pleurent moins durant la nuit et organisent leurs cycles de sommeil plus rapidement que ceux qui sont laissés à la pouponnière. Cette période de formation du lien d'attachement mère-enfant prolonge l'harmonie dont jouissait le bébé pendant sa vie intra-utérine. Il éprouvait alors un sentiment inégalable de bien-être qu'il ne peut désormais revivre que par l'intermédiaire de celle qu'il a appris à connaître depuis neuf mois. L'anthropologue Ashley Montagu a décrit fort pertinemment cet arrangement de cohabiter avec le bébé comme étant une « matrice à l'air libre » (1979).

Je me dois ici d'adresser quelques mots d'encouragement à la mère qui, pour une raison quelconque, ne peut avoir son bébé avec elle dans les heures qui suivent la naissance. L'attachement n'est pas comme une colle instantanée qui cimente à jamais, à un moment crucial, de façon soudaine et irrévocable, le lien mère-enfant. La formation de ce lien est un processus d'interaction entre la mère et l'enfant qui s'échelonne sur toute la vie. Il n'y a aucune preuve que le fait de rater cette période initiale d'attachement, à cause d'une césarienne par exemple, a un effet permanent sur la relation entre la mère et le bébé. Un contact immédiat avec le bébé procure simplement un très bon départ à la relation et c'est un avantage pour l'enfant aux besoins intenses. Les effets d'une séparation nécessaire de la mère et du bébé peuvent être minimisés si le père reste avec le bébé jusqu'à ce que la mère soit disponible.

Allaitez votre bébé

Les avantages de l'allaitement sont particulièrement importants pour l'enfant aux besoins intenses et sa mère. La prolactine, une hormone présente en quantité beaucoup plus importante chez la mère qui allaite, exerce un effet relaxant. La mère d'un bébé aux besoins intenses a certainement besoin de toute l'aide possible pour se détendre. De plus, je suis convaincu que la prolactine aide la mère à augmenter son niveau d'**acceptation**, ce qui est absolument essentiel pour materner ce type d'enfant pendant la nuit. La prolactine est généralement désignée comme étant l'hormone maternelle. J'ai souvent considéré la prolactine comme étant également l'hormone de la persévérance. En général, j'ai remarqué que, si on le leur permet, les bébés aux besoins intenses ont en effet tendance à téter plus souvent le jour et la nuit et ils « se sèvrent » plus tard.

Ne comparez pas les bébés entre eux

« Pourquoi ne puis-je avoir plus de trois heures de sommeil d'affilée ? Pourquoi mon bébé ne dort-il pas comme les autres bébés ? » se plaignait la mère fatiguée d'un enfant aux besoins intenses. Vous n'avez pas le bébé de quelqu'un d'autre et une autre mère ne materne probablement pas son bébé de la même façon que vous. Ne vous comparez pas aux autres, ce qui ne conduit qu'à la frustration, à la culpabilité et à un épuisement précoce. Suivez l'exemple des mères de bébés handicapés qui ont dû apprendre cette importante leçon pour survivre : considérez l'enfant par rapport à lui-même et non en le comparant aux autres.

Entourez-vous de personnes positives et cherchez des groupes d'entraide

Il est très réconfortant de savoir que votre bébé n'est pas le seul au monde à être maussade. Je possède une liste de parents ayant eu un bébé maussade et qui s'en sont bien tirés. Je leur réfère souvent de nouveaux parents. Souvenez-vous que ce n'est souvent qu'une question de perception. Après avoir rencontré les parents d'un bébé vraiment difficile, les nouveaux parents réalisent qu'« après tout, notre bébé n'est peut-être pas si maussade que cela. »

Un des groupes d'entraide les plus efficaces que je recommande aux mères de bébés aux besoins intenses est la Ligue La Leche. De tels groupes vous aideront à mieux comprendre et à accepter votre bébé. Les groupes d'entraide aideront également la mère fatiguée et frustrée à assumer certains de ses propres sentiments ambivalents. En parlant avec d'autres mères de bébés maussades, vous réaliserez qu'il est normal de sentir que « parfois je n'aime pas mon bébé » ou « il profite de moi » ou « je suis rendue au bout de mon rouleau ». Les autres mères du groupe vous permettront de vous libérer de votre culpabilité en vous aidant à comprendre que c'est normal d'éprouver ces sentiments.

N'écoutez pas les conseils défavorables ou négatifs tels que : « Laissez pleurer votre bébé » et « Ne le prenez pas dans votre lit, vous le regretterez. » Ces conseils laissent sous-entendre que votre bébé est maussade à cause de quelque chose que vous faites ou ne faites pas. **Votre bébé est maussade à cause de son tempérament et non à cause de votre compétence maternelle.** Un bébé maussade risque d'ébranler la confiance d'une nouvelle mère, ce qui peut détruire de nombreux aspects gratifiants du rôle de parent. Cela aboutit à un cercle vicieux : moins la mère a confiance en elle, moins elle réussit à réconforter son bébé et plus il devient inconsolable. Ce cycle conduit souvent la mère à « s'évader », c'est-à-dire à chercher d'autres moyens de s'épanouir, soit une carrière ou une activité quelconque à l'extérieur de la maison qui apporte des gratifications plus concrètes et immédiates. Il vaut mieux ne pas écouter ces conseils négatifs (et ne pas donner soi-même de conseils négatifs). La plupart des personnes qui donnent des conseils sont bien intentionnées, mais ne comprennent pas ce qu'est un enfant aux besoins intenses. Il peut être utile d'expliquer pourquoi votre enfant est différent et pourquoi il a besoin de soins différents. Pour ma part, je conseille aux mères de ma clientèle de m'utiliser, moi le médecin, comme bouc émissaire. « Dites à votre belle-mère que vous suivez les recommandations de votre médecin. » Ainsi, vous ne serez plus sur la sellette.

Porte-bébés, balançoires et autres trucs pour apaiser le bébé maussade.

Certains bébés sont plus détendus lorsqu'ils sont immobiles, mais la plupart d'entre eux préfèrent le mouvement et le bruit. La majorité des bébés maussades se calment à trois conditions : le mouvement, le bruit et le contact physique, soit celles qui leur rappellent la vie intra-utérine. On apaise le bébé maussade selon le principe du comportement compétitif, c'est-à-dire que vous entrez en compétition avec le comportement tendu de votre bébé en imposant votre propre comportement apaisant. L'art de réconforter le bébé maussade consiste à déterminer quel type de mouvement, de sons et de contact physique votre bébé aime et dont il a besoin. Il faut également savoir jusqu'à quel point vous pouvez vous dévouer sans épuiser vos réserves. Ce type de bébé se sent habituellement beaucoup mieux lorsqu'on le porte dans un porte-bébé ou une écharpe de tissu (sur le devant ou sur le côté pendant les six premiers mois), ce qui lui permet de se blottir contre le sein de sa mère ou la poitrine de son père et d'être réconforté par la proximité et le rythme familier du cœur qui bat et de la respiration. Essayez de porter votre bébé en lui procurant autant de contact peau à peau que possible. La combinaison du contact peau à peau (l'oreille du bébé sur votre cœur), du rythme de votre respiration et de la cadence de votre corps réussira souvent à apaiser un bébé maussade.

Inventez vos propres techniques anti-colique. Observez votre bébé et vous saurez quel mode de transport il aime le mieux. Dans notre famille, le meilleur moyen de calmer notre bébé maussade consistait à le placer à plat ventre sur ma poitrine. Il se déplaçait à petits coups, la tête tournée sur un côté, pour venir se blottir sous mon menton, comme si c'était là la position qui offrait le maximum de contact peau à peau. Avec le temps, le bébé adoptait cette position sans que j'aie à intervenir. Une autre bonne façon de porter un bébé souffrant de coliques consiste à le tenir comme un ballon de football. Installez le bébé à plat ventre sur votre avant-bras, la tête dans le creux de votre coude en le tenant fermement par le derrière et en lui laissant les deux jambes pendantes.

Essayez diverses positions pour calmer votre bébé jusqu'à ce que vous trouviez celle qui lui convient le mieux, celle qui réussit à le calmer ou à l'endormir. Les parents de bébés maussades que j'ai eu l'occasion d'observer semblent avoir mis au point une sorte de danse avec leur bébé. Ils se balancent en cadence, se dandinent ou se bercent, accompagnant le tout de caresses peau à peau et en fredonnant une berceuse. Quand les parents ont terminé ce ballet, le bébé « fond » littéralement dans leurs bras et s'abandonne au rythme de ce manège lui rappelant la vie intra-utérine.

Les réservistes à la rescousse. Le bébé maussade a constamment besoin d'une paire de bras, mais il n'est pas nécessaire que ce soit toujours ceux de la mère. Si vous avez épuisé votre répertoire de positions et de danses anti-colique, si vos bras sont fatigués ou si vous êtes tombée dans le cercle vicieux de la mère tendue/bébé tendu (voir plus loin), appelez à la rescousse un autre danseur avec une nouvelle paire de bras.

Au départ, ces suggestions visent avant tout à créer de l'harmonie, une sensation de « retour dans l'utérus ». Mais il arrive que l'« utérus » se fatigue et il peut s'avérer nécessaire à l'occasion de recourir à des substituts maternels. Si aucune paire de bras n'est disponible, on peut utiliser une balançoire mécanique pour calmer un bébé maussade et l'aider à s'endormir pendant que vous prenez quelques minutes de répit.

D'autres suggestions d'activités de « retour à l'utérus » sont présentées au chapitre 4.

Techniques de relaxation

Un bébé difficile peut réussir à mettre sa mère à bout même si celle-ci a des nerfs d'acier. Il est essentiel d'apprendre à vous détendre en trouvant une méthode qui vous convient. Être tenu dans des bras tendus peut être très pénible pour un bébé qui est déjà très sensible à toute tension. C'est ce qu'on appelle le **syndrome de la mère tendue/bébé tendu**. Voici quelques suggestions susceptibles d'aider la mère et le bébé à mieux profiter de leurs moments ensemble :

Prenez un bain chaud ensemble. Remplissez la baignoire jusque sous vos seins. Étendez-vous dans la baignoire et laissez le bébé flotter partiellement pendant que vous le tenez et l'allaitez. Cette méthode est particulièrement efficace lorsque vous savez que le bébé est fatigué, mais qu'il refuse de s'abandonner et de s'endormir. Aller dans le spa ou prendre un bain chaud ensemble aide grandement à se détendre. Évitez de rester trop longtemps dans l'eau à une température de plus de 38 degrés Celsius (100 degrés Fahrenheit).

Un nid pour allaiter. La tétée est habituellement un des meilleurs moyen pour calmer un bébé maussade, mais parfois même cela ne fonctionne pas. Si votre bébé refuse le sein et continue d'être maussade, c'est peut-être pour indiquer qu'il aimerait mieux être couché dans le lit avec vous et téter, ventre contre ventre, blotti dans vos bras et niché entre vos seins. J'ai observé ce signal chez nos bébés. Lorsque l'allaitement ne réussissait pas à apaiser notre bébé en pleurs, Martha disait souvent : « Il doit vouloir s'étendre et téter. »

L'exercice au grand air. Même si cela vous demande de faire un effort, une promenade au parc avec le bébé placé dans un porte-bébé sur votre poitrine peut s'avérer un rituel quotidien relaxant pour une mère tendue et un bébé maussade. De plus, de cette façon, vous n'aurez plus sous les yeux toutes ces corvées qui vous attendent.

Faites une sieste quand le bébé fait la sienne. Souvent la mère utilise la sieste de son bébé pour « enfin faire quelque chose ». Lorsque vous avez un bébé aux besoins intenses, il est plus facile d'ajuster votre sommeil au sien que de forcer votre bébé à adopter un horaire de sommeil préétabli. Certains bébés dorment peu durant le jour. De fait, des études ont révélé que les bébés dotés d'un tempérament plus difficile dormaient effectivement moins durant le jour (Carey, 1974). Même si le bébé ne semble pas avoir besoin de faire la sieste, sa mère en a certainement besoin. Lorsque le bébé vous récompense en faisant une sieste que vous attendez depuis longtemps, décrochez le téléphone et réservez-vous ce temps pour vous détendre en faisant quelque chose pour vous seule, de préférence une sieste. Ce n'est pas le moment de vous précipiter pour faire du ménage.

Établissez vos priorités et partagez les soins au bébé

La plupart des mères s'épuisent, non pas tant à cause de leur bébé aux besoins intenses, mais à force d'essayer de garder le même rythme d'activités et d'obligations extérieures. Il est impossible d'être partout à la fois et, si vous avez un bébé aux besoins intenses, vous devrez délaisser plusieurs de vos engagements extérieurs au cours des premiers mois ou des premières années de votre maternage. Durant ce congé de maternité prolongé, vous devrez abandonner de nombreuses activités extérieures qui sapent l'énergie dont vous disposez pour votre bébé. Au cours des premières semaines et des premiers mois, même les tâches ménagères comme faire la cuisine, nettoyer et faire la lessive devront peut-être être déléguées à quelqu'un d'autre afin que vous puissiez vous consacrer entièrement à vous-même et à votre bébé.

Si vous avez un bébé aux besoins intenses, vous réaliserez très vite que votre bébé a besoin de ses deux parents. Il importe que les parents communiquent sincèrement entre eux, que le père soit attentif aux signes indiquant que les réserves de la mère s'épuisent et qu'il se porte volontaire pour prendre soin du bébé pendant qu'elle prend un peu de temps pour elle. Le père peut calmer le bébé maussade en le promenant dans ses bras et en exécutant une petite « danse » avec lui et permettre ainsi à la mère de faire une pause.

Accueillez le bébé dans votre lit

Dormir avec le bébé est particulièrement utile avec un bébé aux besoins intenses puisque l'harmonie, que vous travaillez si fort à atteindre durant le jour, se poursuit pendant la nuit. Il arrive que les parents soient morts de fatigue à vingt-deux heures, mais leur bambin est en pleine forme et refuse de se détendre. Dans ce cas, si votre chambre est sans danger pour l'enfant, prenez-le avec vous, fermez la porte et couchez-vous. Lorsque votre tout-petit sera prêt, il tombera de sommeil lui aussi. Procurez-lui son propre matelas, que vous placerez par terre.

Répondez rapidement aux pleurs du bébé

La façon dont vous répondez aux pleurs du bébé durant le jour vous prépare à répondre adéquatement à ses pleurs la nuit. Vous le prendrez aussitôt qu'il se mettra à pleurer ou vous le garderez continuellement dans vos bras afin qu'il ne pleure pas. N'hésitez pas à adopter cette méthode si elle vous convient et si elle réussit à calmer votre bébé. Il ne sera pas gâté si vous le prenez aussi souvent. Les bébés qui reçoivent une réponse rapide à leur pleurs finissent par pleurer moins. Un besoin qui a été comblé disparaîtra ; un besoin non comblé peut changer de cap, mais il ne disparaît pas.

Nourrissez bien votre bébé

L'enfant aux besoins intenses est plus sensible que les autres aux effets de la malbouffe. Évitez de lui donner des aliments riches en sucre et en colorants ou des aliments qui affectent le comportement, comme ceux qui contiennent de la caféine. Donnez-lui fréquemment des collations nutritives.

Comment éviter l'épuisement

La mère d'un enfant aux besoins intenses risque de s'épuiser. Selon le dictionnaire, « s'épuiser » signifie « s'affaiblir complètement », c'est-à-dire ressentir une grande faiblesse tant physique que morale suite à un stress de longue durée. Même la mère la plus dévouée, la plus persévérante verra par moments ses réserves s'épuiser et son corps comme son esprit sonneront l'alarme : « Je n'en peux plus ». Chaque jour, des mères m'avouent en être rendues là. L'épuisement maternel ne devrait pas être considéré comme un signe de faiblesse. En fait, l'épuisement est plus fréquent chez les mères profondément engagées qui veulent faire de leur mieux comme parent.

Un point important dont il faut tenir compte pour éviter l'épuisement maternel, c'est de reconnaître quand il y a une incompatibilité entre le tempérament du bébé et le seuil de tolérance de la mère. Certaines mères ont un bébé au caractère très difficile, mais elles ont elles-mêmes un seuil de tolérance très élevé. D'autres mères ont un bébé plus facile, mais un seuil de tolérance plus faible. S'il existe une telle incompatibilité dans votre famille, il importe de l'identifier rapidement et de demander conseil, avant que le problème ne fasse boule de neige et en vienne à vous empêcher de profiter agréablement de votre enfant, à miner votre confiance en vous et à compromettre votre relation de couple. Demandez à votre groupe local de la Ligue La Leche de vous donner le nom de conseillers professionnels qui sauront vous appuyer dans votre tâche de parents, tout en respectant vos valeurs. Il peut s'agir de pédiatres, de psychologues, de thérapeutes familiaux ou de spécialistes en allaitement. Une mère déterminée d'une petite ville de l'état de Washington a réussi à me rejoindre pour me demander conseil au sujet de son bébé qui se réveillait la nuit. Elle m'a écrit une lettre détaillée décrivant le problème et demandant une consultation téléphonique. Elle a même joint une photo de la petite noctambule. J'ai été ravi de pouvoir lui être utile.

La famille du bébé maussade

Un enfant aux besoins intenses représente habituellement un problème pour la famille tout entière. De façon réaliste, on peut affirmer qu'un enfant aux besoins intenses domine complètement la famille au moins pendant les premières années. (Ici, j'emploie le terme « domine » de façon positive, dans le sens de devenir une priorité, et non pour sous-entendre qu'il y a un manque de discipline et d'autorité dans la maison.) Les parents qui ont établi leurs priorités et qui réussissent à prodiguer des soins affectueux à leur enfant aux besoins intenses trouvent souvent qu'il leur reste peu d'énergie pour répondre aux besoins de leur conjoint. Or il est absolument essentiel que vous vous réserviez un peu d'énergie pour votre vie de couple. L'environnement créé par une union stable et satisfaisante est le meilleur soutien dont peut profiter l'enfant aux besoins intenses.

Le rôle des parents la nuit et l'épuisement familial

Selon certaines études, les difficultés de sommeil chez l'enfant peuvent détruire la vie familiale et briser le mariage, sans compter le risque que court l'enfant d'être maltraité (Campbell, 1981). Les problèmes de sommeil de votre enfant deviennent le problème de toute la famille lorsque ses réveils fréquents la nuit dépassent votre seuil de tolérance. Il m'arrive à l'occasion de voir en consultation une mère qui tente d'être le parent parfait la nuit, mais elle est si épuisée que son efficacité en tant que mère, conjointe et personne est grandement affectée durant le jour. La mère n'a simplement pas assez d'énergie pour se lever fréquemment pour son enfant pendant la nuit et répondre aux besoins de tout le monde le lendemain. C'est une situation où il est extrêmement difficile de conseiller les parents et j'aborde habituellement le problème ainsi : « Vous avez un problème pour lequel vous n'aimerez probablement aucune des solutions, mais il faut admettre que quelque chose doit changer. En essayant d'être un parent parfait la nuit, vous ne pouvez être un parent efficace durant la journée et toute la famille en souffre. » Il est habituellement nécessaire de réviser entièrement l'ensemble de la situation familiale, en plus d'utiliser certaines techniques de discipline pour la nuit qui doivent être adaptées à chaque cas.

Les parents d'un bébé très difficile devront peut-être faire des compromis pour éviter de s'épuiser. À titre d'exemple, citons le cas du bébé qui tète très souvent la nuit. Ce type de bébé se réveille toutes les heures ou toutes les deux heures et tète davantage pour le réconfort que pour s'alimenter. Si la mère a suffisamment d'énergie pour satisfaire son enfant ainsi, je l'encourage fortement à le faire. Par contre, si cette situation risque de l'épuiser, le père peut réconforter le bébé pendant quelques nuits en le calmant d'une autre façon pendant que la mère dort. Cette suggestion est habituellement très difficile à accepter par la mère et à mettre en pratique par le père. Comme me l'expliquait une mère : « Il est très difficile pour moi de ne pas répondre à mon bébé lorsque je sais que j'ai ce qu'il faut pour le réconforter. »

Une bonne partie de ce chapitre sur l'enfant aux besoins intenses portait sur l'art d'être un bon parent durant le jour, mais une bonne compréhension de ce rôle se transpose sur les soins parentaux que vous prodiguer pendant la nuit. La tâche de parent est une profession pour laquelle il n'existe pas de description distincte pour les quarts de jour et les quarts de nuit.

RÉFÉRENCES

Busby, K. et al. 1981. Sleep patterns in hyperkinetic and normal children. *Sleep* 4:366.

Campbell, K. 1981. Association of the domestic set-up with sleeping difficulties in children under three years of age. *Med J Austr* 2:254.

Carey, W. 1974. Nightwaking and temperament in infancy. *J Pediatr* 84:756.

MONTAGU, Ashley, *La peau et le toucher*, Paris, Seuil, 1979.

Thomas, A. et al. 1968. *Temperament and Behavior Disorders in Children*, New York: University Press.

Weissbluth, M. 1981. Sleep duration and infant temperament. *J Pediatr* 99:817.

Weissbluth, M. 1982. Chinese-American infant temperament and sleep durations. *J Dev Behav Pediatr* 3:99.

Weissbluth, M. 1983. Sleep patterns, attention span, and infant temperament. *J Dev Behav Pediatr* 4:34.

Chapitre 9

Le rôle du père pendant la nuit

Pendant les premières années, le bébé a un fort lien d'attachement biologique avec sa mère et, pour cette raison, sa préférence va vers elle. Ceci ne veut pas dire que le père n'a qu'un rôle de second plan. La pratique de l'art parental favorisant l'attachement épuisera la mère si elle n'a aucune aide. Pour que cette forme d'art parental soit véritablement efficace, il est essentiel que le père y participe.

Les sentiments du père

Au cours des premiers mois après la naissance d'un bébé, nombreux sont les pères qui éprouvent des sentiments ambivalents par rapport à la façon dont leur relation de couple, auparavant sans histoire, est en train d'évoluer. Le fort lien d'attachement entre la mère et son bébé peut provoquer du ressentiment chez le père. « Elle passe son temps à allaiter. » « Elle est trop attachée au bébé. Il s'accroche à elle toute la journée et, maintenant, elle veut même dormir avec lui. » « Nous avons besoin de temps à nous. Nous avons besoin de sortir. J'ai des besoins, moi aussi. » Ce sont là des émotions normales ressenties par des pères sincères et attentionnés mais déroutés. Il serait bon qu'ils puissent comprendre ce qui se passe chez la nouvelle mère pendant les premiers mois suivant la naissance du bébé.

Les changements chez la femme après l'accouchement

Avant l'accouchement, le taux d'hormones sexuelles chez la femme est plus élevé que celui d'hormones maternelles. Après l'accouchement, le taux d'hormones maternelles augmente et reste élevé pendant au moins six à neuf mois. À cause de ce changement hormonal post-partum, l'instinct maternel de la femme a temporairement priorité sur ses désirs sexuels. Cet attachement hormonal au bébé sert à assurer sa survie et

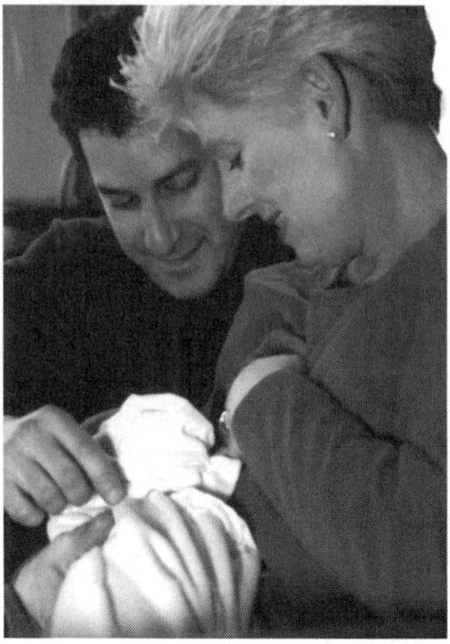

à développer son plein potentiel. La mère est programmée pour s'attacher à son bébé, tant sur le plan physique qu'émotif.

Il y a des mères qui sont naturellement dotées d'une programmation plus puissante que d'autres alors que certaines devront fournir des efforts supplémentaires. Toutefois, ce besoin instinctif de materner est présent à des degrés divers chez toutes les nouvelles mères. Ceci ne veut pas dire que vous avez perdu votre place dans le cœur de votre conjointe, mais plutôt qu'une partie de l'énergie qu'elle vous consacrait est maintenant orientée vers le bébé. Avec le temps, cette énergie vous reviendra, surtout si vous soutenez votre compagne et vous impliquez tôt dans la vie de votre enfant (même pendant la grossesse). On peut dire que c'est une saison dans votre union, une saison pour être parent. Si vous prenez bien soin du fruit de votre amour, la saison de la sexualité reviendra et le couple s'épanouira.

Ces changements hormonaux et la fatigue qui résulte des exigences de son nouveau rôle expliquent pourquoi votre femme n'est plus aussi réceptive sexuellement dans les premiers mois après l'accouchement. N'interprétez pas ce manque d'intérêt comme un signe qu'elle ne veut plus avoir de relations sexuelles ou qu'elle aime le bébé plus que vous. C'est simplement parce qu'elle vit toute une série de changements émotifs et physiques et qu'elle s'adapte à son nouveau rôle de mère. Les mères attribuent souvent leur manque de désir sexuel au fait qu'elles n'ont plus envie d'être « touchées », à cause du contact étroit et continuel qu'elles vivent avec leur bébé. Les pères peuvent avoir de la difficulté à comprendre ces changements après la naissance. Même si le nouveau père a lui-même plusieurs ajustements à faire, il ne vit aucun changement physique. Il est bon que la mère comprenne que les hormones du père demeurent les mêmes avant et après la naissance.

Les parents peuvent-ils avoir une vie sexuelle ?

À l'intention des pères frustrés sexuellement, voici quelques conseils et suggestions qui ont fonctionné pour un jeune couple qui m'a consulté.

Cathy et Jim avaient un bébé qui se réveillait souvent la nuit. Cathy investissait beaucoup de son énergie à s'occuper du bébé, en pratiquant l'art parental favorisant l'attachement. Lorsque Jim voulait des relations sexuelles, Cathy était fatiguée et n'était pas intéressée. Jim l'intéressait toujours, mais pas le sexe.

Lorsqu'ils m'ont parlé du problème, je leur ai d'abord suggéré divers trucs pour mieux coordonner leur rôle de parents la nuit. J'ai également suggéré à Jim de recommencer à courtiser Cathy comme aux premiers jours. De petits détails, comme lui apporter des fleurs, lui faire sentir par un regard ou un geste que « je pense à toi », ont une grande signification. Il pourrait à l'occasion préparer une soirée romantique en arrivant plus tôt à la maison, en préparant un souper aux chandelles et en prenant soin du bébé, permettant ainsi à Cathy de relaxer.

J'ai aussi encouragé Jim à faire preuve de souplesse. Les meilleures stratégies mises de l'avant par des maris entreprenants peuvent aisément être déjouées par un bébé aux besoins imprévisibles. Si le bébé se réveille juste au moment où vous vous apprêtez à faire l'amour, évitez d'avoir l'air de dire « Ah non ! C'est encore raté ! ». Cela ne fera que refroidir votre femme. Au lieu de cela, dites-lui plutôt : « Je vais t'aider à prendre soin du bébé et nous ferons l'amour plus tard. » Une femme qui voit que son mari accepte d'attendre et de faire passer les besoins du bébé avant les siens est souvent plus attirée par le sexe.

Oui, les parents peuvent avoir une vie sexuelle.

Une question de confiance

À cause des changements qui surviennent chez la nouvelle mère, il est essentiel que le père fasse confiance à l'instinct maternel de sa femme. Si la mère veut allaiter sur demande, dormir avec le bébé et l'emmener partout avec elle, vous devez lui faire confiance : elle sait ce qui est mieux. L'établissement de cette relation de confiance est également essentiel pour la mère. Il est d'une importance vitale que la femme fasse confiance à son conjoint lorsque celui-ci intervient en disant : « Que puis-je faire pour aider ? »

Le niveau des besoins de l'enfant est un autre facteur à considérer dans l'attachement de la mère à son bébé. La nouvelle mère d'un enfant aux besoins intenses peut réagir de deux façons, chacune d'elles provoquant une réaction différente chez le père. D'une part, la mère peut augmenter la qualité de son maternage proportionnellement aux besoins de l'enfant. Le père peut penser que cette attention accrue de sa femme pour le bébé rendra celui-ci trop dépendant. Ce n'est habituellement pas le cas. Votre femme ne fait que répondre aux besoins du bébé, elle ne crée pas une habitude. Si vous ne savez pas au juste si c'est votre femme qui rend le bébé ainsi ou si elle répond à ses besoins, optez pour la deuxième possibilité. D'autre part, la mère peut réagir en se sentant inapte à satisfaire les besoins de son enfant. Cette réaction peut être due à une incompatibilité entre les deux tempéraments : un bébé maussade et une mère qui a un seuil de tolérance faible, par exemple. Cette disparité entre les besoins et la réponse peut amener la mère à dépendre davantage du père pour qu'il intervienne et donne un coup de main. Le père peut alors se sentir tout aussi impuissant à faire face à la situation. Les suggestions suivantes sont destinées à aider le père dans ces situations.

Conseils pour créer un lien d'attachement

Impliquez-vous tôt

La participation du père aux soins du bébé sera le meilleur remède pour dissiper ses hésitations. Idéalement, cette participation devrait commencer avant la naissance du bébé. Assister aux cours prénataux vous permettra de participer à la naissance de votre bébé. J'ai remarqué que plus le père s'implique tôt , plus il est susceptible de rester impliqué.

Pendant la grossesse et après la naissance, « maternez la mère » comme elle materne le bébé. Dans la plupart des cultures, la nouvelle mère reçoit l'aide d'une « doula », habituellement une autre femme, pour s'occuper d'elle pendant qu'elle récupère de l'accouchement et s'ajuste à son nouveau rôle de mère. Cette coutume n'existe pas chez nous, mais le père peut servir de doula jusqu'à un certain point. Déchargez votre femme de toutes les tâches ménagères ; quelqu'un d'autre peut les faire. Ceci lui permettra de faire ce que personne d'autre ne peut faire à sa place : materner son bébé. Si vous pouvez vous le permettre financièrement, engagez une aide domestique durant les premières semaines. Ne forcez pas votre femme à agir comme ménagère et hôtesse. Si votre mère ou votre belle-mère vous rend visite, assurez-vous qu'elle est là pour aider et non pour qu'on lui tienne compagnie. Soyez prêt à servir de bouclier si des tensions surgissent.

Participez aux soins du bébé et aux joies qu'il procure lorsque vous le pouvez : changez les couches, donnez-lui son bain, consolez-le lorsqu'il est maussade, jouez avec lui, etc. En plus de permettre à votre femme de prendre un repos bien mérité, cela vous aidera à mieux connaître votre bébé. Le fait de participer activement aux soins de votre bébé contribuera à développer votre intuition paternelle et vous serez le premier surpris de voir comment vous pouvez être efficace. On parle beaucoup de l'intuition maternelle. Il est vrai que la mère possède un avantage biologique sur le père qui l'amène à s'occuper naturellement et intuitivement d'un bébé. Je suis fermement convaincu que le père possède également un peu de cet instinct nourricier, mais il ne lui vient pas aussi facilement. Il doit y travailler plus fort. Soyez conscient que votre femme peut hésiter à vous confier le bébé au début. C'est en partie à cause d'un instinct naturel de protection, mais c'est aussi le reflet d'un stéréotype culturel qui dépeint le père comme étant bien intentionné mais maladroit.

Appuyez votre conjointe

L'instinct biologique de votre femme la poussant à materner est peut-être très puissant, mais il est possible que sa confiance en elle soit quelque peu chancelante. La nouvelle mère a besoin d'être encouragée régulièrement. Idéalement, c'est le père qui devrait s'en charger. Vous devez donc lui transmettre continuellement le message suivant : « Fais ce que tu sens que tu dois faire et je ferai de mon mieux pour créer un environnement qui permettra à ton instinct maternel de s'épanouir. Je n'interviendrai pas pour te forcer à aller contre ton instinct. Tu accomplis le travail le plus important au monde : materner notre enfant. » Évitez de lui envoyer des messages contradictoires comme : « Je vais faire comme tu dis, mais je pense que tu rends le bébé trop dépendant. » Ceci ne sert qu'à semer la confusion dans l'esprit et le cœur de la nouvelle mère qui est encore à la recherche de son propre style parental et qui reçoit déjà beaucoup de conseils contradictoires de l'extérieur.

Fixez-vous

Peu de temps avant et après la naissance du bébé, la mère suit son instinct de nidification. Elle aime préparer la maison, sa chambre, en prévision de l'arrivée et des soins au nouveau bébé. Si possible, évitez les bouleversements dans votre vie pendant cette période, tels que changer d'emploi ou déménager au cours des premiers mois suivant la venue du bébé. Un déménagement est bien la dernière chose que devraient subir de nouveaux parents pendant au moins six mois après la naissance du bébé. Déranger le nid, c'est déranger la mère.

Coupez court aux visites. Ramener un nouveau bébé à la maison attire souvent une foule de parents et d'amis bien intentionnés qui se rassemblent autour des nouveaux parents pour fêter leur retour. Selon mon expérience, neuf fois sur dix, cette situation vire au désastre. La période post-partum devrait être une période de nidification empreinte de calme où chaque membre de la famille se familiarise avec son nouveau rôle. Aussi bien intentionnés et « utiles » que soient vos parents et amis, vous finissez habituellement par vous retrouver en train de diriger la circulation et d'entretenir tout ce beau monde. En général, les nouvelles mères ont de la difficulté à dire « non » aux visiteurs. Cette tâche devrait donc revenir au père, ce qui vous obligera peut-être à vous tenir à la porte d'entrée et à choisir les visiteurs. Ou encore, vous pouvez simplement poser une affiche : « Prière de ne pas déranger. Maman et bébé se reposent. » Le plus beau cadeau que peut vous offrir un ami, c'est de vous faire parvenir le repas du soir avec la note suivante : « On se verra la semaine prochaine. »

Soyez attentif

Une nouvelle mère ne fait pas toujours preuve de sagesse quand vient pour elle le moment de s'arrêter avant d'être complètement épuisée. Elle peut vouloir jouer à la perfectionniste et essayer de tenir le coup à tout prix. Soyez attentif aux signes annonçant que votre conjointe approche des limites de l'épuisement. Le désintéressement du père est en soi une cause de l'épuisement de la mère. Préparez-vous à intervenir en disant : « Je prends la relève. Occupe-toi seulement de toi-même. »

Il y a des moments où la prise en charge par le père est particulièrement utile. Par exemple, la nuit quand votre bébé est maussade et difficile à consoler et que vous savez qu'il n'a pas faim, mais a davantage besoin de son père que de nourriture. Emmenez-le dans une autre pièce et promenez-le dans vos bras jusqu'à ce qu'il tombe endormi, ce qui permettra à sa mère d'en faire autant de son côté. Prendre la relève de votre femme auprès du bébé durant la nuit fait partie des dispositions de tout contrat entre parents.

Une autre période où la prise en charge par le père est appréciée, c'est en fin d'après-midi et en début de soirée, lorsque le bébé traverse une période maussade, juste au moment où vous rentrez à la maison et que vous voulez souper. Il est vrai que plusieurs pères sont éreintés après une longue journée de travail et que la dernière chose qu'ils souhaitent en rentrant est de se faire accueillir par une femme fatiguée et un bébé maussade. Toutefois, c'est ici que le père doit entrer en scène. La mère a passé toute la journée avec un bébé maussade. Le père est capable de voir la situation d'un œil nouveau, de calmer tout le monde et de passer pour un héros. C'est le moment d'offrir d'emmener le bébé faire une balade en voiture. Qui a dit qu'on n'a pas besoin des pères ou qu'on ne veut pas de leur aide ?

Une autre façon d'être un père attentif et réceptif est d'aider votre femme à définir ses priorités durant la journée. La mère qui en fait trop le jour aura de la difficulté à prendre soin du bébé la nuit. Faites régulièrement l'inventaire de tout ce que vous pourriez faire, de ce dont quelqu'un d'autre pourrait se charger ou de ce qui peut attendre pendant ces quelques premiers mois critiques. En disant simplement « ça ne me dérange pas du tout que la maison soit en désordre, car notre bébé ne sera petit qu'un temps », vous ferez savoir à votre femme que vous ne vous attendez pas à ce que la maison soit aussi à l'ordre qu'avant la venue du bébé. Si vous y tenez, alors arrangez-vous pour que le travail soit fait sans faire sentir votre femme coupable parce que vous faites « son » travail. Demandez-lui précisément ce que vous pouvez faire pour l'aider : la lessive, passer l'aspirateur, nettoyer ou préparer un repas spécial. Trouvez ce qui lui fait le plus plaisir. Ma femme, elle, aime bien voir briller l'évier et le plancher de cuisine. Faites-lui une surprise ! Il sera plus facile à votre femme de se détendre et d'être heureuse dans son rôle de mère si elle est à l'aise dans son environnement.

Montrez-vous patient

Évitez d'exercer des pressions sur votre femme en lui parlant de week-ends à deux ou de vacances pendant cette période initiale d'attachement mère-enfant. Il est très fréquent et tout à fait normal pour la mère de ne pas vouloir laisser son bébé. Si la mère sent qu'elle a besoin de vacances, suggérez de partir à trois (père-mère-bébé). Votre femme sera heureuse de se libérer du train-train quotidien. Forcer votre femme à renier son instinct maternel pour accomplir son devoir d'épouse conduit généralement à une situation où tout le monde est perdant, y compris le père. Le nouveau père doit apprendre à avoir des attentes réalistes et à remettre à plus tard la satisfaction de certains plaisirs.

Si vous éprouvez ce sentiment normal qu'« elle est trop attachée au bébé », parlez-en à votre femme. Vous pourriez peut-être lire tous deux le présent chapitre et en discuter. Il est essentiel que le père et la mère se parlent et expriment leurs sentiments ambivalents dès les premiers mois. À défaut de quoi, ils développeront un style parental très malsain : la mère s'attachera de plus en plus à son enfant, le père s'attachera de plus en plus à son travail et ils s'éloigneront peu à peu l'un de l'autre dans un cycle sans fin de détachement. Ceci n'aidera ni la mère, ni le père, ni le bébé.

Comment endormir votre bébé

Les mères sont munies d'une arme infaillible pour endormir leur bébé : le sein. Ainsi, les pères se sentent parfois impuissants lorsque vient le temps de mettre un bébé maussade au lit. Ils seront alors tentés de confier cette tâche à la mère. Il arrive néanmoins que le père endorme le bébé ou s'occupe du bébé maussade au milieu de la nuit parce que la mère a désespérément besoin de sommeil. Voici ce que peuvent faire les pères pour endormir leur bébé :

Soyez une chaude toison. Le tout jeune bébé adore s'endormir sur la poitrine nue de son père. La chaleur de votre peau en plus du rythme de votre cœur et de votre respiration endormiront le bébé.

Portez le bébé. Placez votre bébé dans un porte-bébé ou une écharpe et allez faire une promenade. Promenez-vous autour de la maison ou dans le quartier. Vous pouvez même travailler à votre bureau pour classer des factures et de la paperasse, du moment que vous arrivez à vous balancer de gauche à droite en même temps. Le mouvement et le fait d'être blotti contre vous finiront par endormir le bébé. Continuez de vous balancer jusqu'à ce qu'il soit profondément endormi, dirigez-vous ensuite vers le lit pour le déposer délicatement en passant le porte-bébé par-dessus votre tête. S'il s'agite et commence à se réveiller, vous aurez peut-être à poursuivre votre promenade ou à vous allonger avec lui quelques minutes.

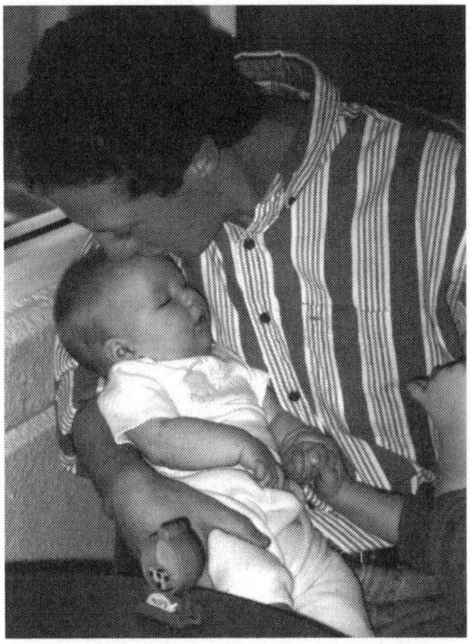

Servez-vous de votre voix. La voix grave du père peut être très apaisante pour un bébé qui doit se calmer pour s'endormir. Chantez-lui quelque chose de doux et de monotone ou parlez-lui simplement sur un ton calme. Si vous placez sa tête sur votre poitrine près de votre cou, il sentira les vibrations de votre larynx qui lui procureront une autre sensation réconfortante.

Les rituels du coucher. Préparez-vous à inventer vos propres rituels à l'heure du coucher, surtout lorsque votre enfant sera sevré. Comme il passe habituellement très peu de temps avec ses enfants durant la journée, je crois que les rituels à l'heure du coucher devraient être avant tout la responsabilité du père. Attendez-vous à ce que vos enfants étirent ce rituel autant qu'ils le peuvent. Un père m'a confié : « Notre enfant de trois ans ne veut tout simplement pas aller se coucher le soir. Quand je parviens enfin à le faire coucher, il me faut une heure pour l'endormir dans son lit. » Ce père partait travailler le matin avant que son fils ne se lève et ne revenait que vers dix-huit ou dix-neuf heures le soir. Il est tout à fait irréaliste de s'attendre à ce que cet enfant se couche à dix-neuf ou vingt heures. Il n'a pas vu son père de la journée. Il veut simplement passer plus de temps avec lui dans la soirée.

Il est courant que les rituels du coucher s'étirent à l'arrivée d'un nouveau bébé, alors que l'aîné a le sentiment d'avoir perdu sa place dans la famille. Voyant que sa mère concentre son attention sur le petit bébé, l'enfant se dit : « Le temps que je passe avec papa avant d'aller au lit est spécial et je vais en profiter ! » Ce besoin d'un rituel particulier à l'heure du coucher indique qu'il a besoin de plus d'attention. Les enfants ont une façon bien à eux d'obtenir en soirée la satisfaction de besoins qui n'ont pas été comblés durant la journée. Quoi qu'il en soit, l'enfant a parfois besoin d'un bon tête-à-tête avec son père.

Traîner avant d'aller au lit

Il me faut au moins une heure pour mettre notre enfant de trois ans au lit. Nous avons une famille nombreuse et nous manquons de temps. Je suis un père épuisé.

Traîner au moment d'aller au lit est un stratagème courant chez les enfants plus jeunes de familles nombreuses, surtout après l'arrivée d'un nouveau bébé. C'est parfois le seul moment où cet enfant peut obtenir une attention particulière de la part de ses parents et il fera tout pour l'obtenir. Vous pouvez également vous attendre à ce type de comportement au retour d'un voyage d'affaires, par exemple. Les jeunes enfants sont réceptifs au moment d'aller au lit et très conscients de ce que vous leur dites ou lisez à ce moment-là. Même s'ils peuvent sembler fatigués, ils sont plus éveillés que vous ne le croyez. Un enfant de trois ans vous reprendra tout de suite si vous essayez d'aller plus vite en sautant une page d'une histoire qu'il connaît. Considérez le désir de votre enfant de passer du temps avec vous comme une phase normale d'attachement et soyez reconnaissant du fait qu'il souhaite être en votre compagnie.

Je pense que les rituels du coucher sont avant tout une responsabilité du père. Dans la plupart des familles, c'est la mère qui fait lever les enfants et les aide à commencer la journée. Il semble donc tout à fait normal que si la mère les prépare à commencer la journée, le père les aide à la terminer et à aller au lit. Si vous avez une famille nombreuse, faites de votre mieux. Il est possible que vous ne puissiez donner assez de temps à chacun de vos enfants et il sera peut-être nécessaire de recourir à des « séances de groupe » lors des rituels du coucher.

Lorsque le père est absent

Attendez-vous à ce que surgissent des problèmes de sommeil lorsque le père part pour quelques jours. Le sommeil de l'enfant, particulièrement celui qui est habitué au lit familial, en est souvent perturbé. Le bébé et l'enfant ressentent généralement un changement dans l'harmonie familiale lorsque leur père est parti et peuvent être plus agités durant la nuit. Une mère m'a raconté que lorsque son mari partait pour une journée ou deux, son enfant de deux ans montrait du doigt chaque avion qui passait au-dessus de la maison en disant : « Avion ! Papa maison ! » Les enfants s'ennuient vraiment de leur père.

Qu'en est-il pour vous ?

J'aimerais partager avec vous, chers pères, une pensée qui me vient du fond du cœur : l'une des vérités de la vie de couple est qu'un homme qui sait se donner, reçoit encore plus en retour. L'art paternel favorisant l'attachement, que vous pratiquerez le jour comme la nuit, est l'un des meilleurs investissements à long terme que vous aurez l'occasion de faire. En vous impliquant davantage auprès de votre enfant, vous apprendrez à mieux le connaître et l'apprécier. Cette appréciation augmentera votre efficacité comme père. Montrez sans cesse à votre femme et à votre enfant que vous vous souciez de leur bien-être. Un des plus beaux cadeaux que vous pourrez donner à votre enfant est d'aimer sa mère et un des plus beaux cadeaux que vous pourrez faire à votre femme est d'être un père engagé. Prodiguer des soins paternels la nuit est l'une des meilleures preuves que vous vous souciez du bien-être de votre femme et de votre enfant.

Chapitre 10

Allaiter la nuit : un moyen efficace d'espacer les grossesses

Dans les pays en voie de développement, l'allaitement est depuis longtemps considéré comme une méthode efficace et naturelle de planification des naissances. En Occident, cependant, l'allaitement n'a pas la réputation d'être un contraceptif digne de confiance. Tous semblent connaître un ami dont les deux enfants rapprochés sont la preuve que « ça n'a pas marché ».

L'allaitement est une méthode fiable pour espacer les grossesses chez 95 pour cent des mères et ce chiffre peut atteindre presque 100 pour cent lorsqu'il est combiné à d'autres méthodes naturelles de planification des naissances, à condition que les règles du jeu soient respectées. L'art parental favorisant l'attachement pendant la nuit joue un rôle important dans la suppression de la fertilité de la mère au cours de la première année de vie du bébé.

L'effet contraceptif de l'allaitement : ses mécanismes

La succion du bébé sur le mamelon stimule la production de prolactine, l'hormone maternelle responsable de la production du lait. Un taux élevé de prolactine dans le sang de la mère empêche la sécrétion d'œstrogène et de progestérone, les hormones nécessaires à l'ovulation et à la préparation de l'utérus en vue de l'implantation d'un ovule fertilisé. Lorsqu'il n'y a pas d'ovulation, donc pas de modification des parois de l'utérus, il n'y a pas de menstruation et il est presque certain que la mère est infertile. La quantité de succion et le taux de prolactine requis pour supprimer les hormones de reproduction varient d'une femme à l'autre, mais, règle générale, il est nécessaire, pour supprimer l'ovulation, que le stimulus de la succion au sein soit intense et fréquent, le jour comme la nuit.

À mesure que le sevrage approche, le bébé tète moins souvent et le taux de prolactine de la mère diminue. Les taux d'œstrogène et de progestérone augmentent et survient alors une première menstruation après l'accouchement, un signe que la femme est ou sera bientôt fertile. Peu après cette menstruation « d'avertissement », l'ovulation reprend et, par conséquent, la femme redevient fertile. Chez certaines mères, surtout celles dont le bébé a plus d'un an, l'ovulation peut survenir sans avoir d'abord eu une menstruation.

L'effet contraceptif de l'allaitement : des faits

En parcourant divers rapports scientifiques, on comprend mieux pourquoi cette méthode d'espacement des grossesses est efficace pour certaines femmes et ne semble pas l'être pour d'autres. La suppression de l'ovulation et de la menstruation dépend probablement d'un taux élevé et constant de prolactine dans le sang de la mère. L'introduction de suppléments (biberons ou aliments solides) réduit le taux de prolactine chez la mère (Andersen et Schioler, 1982). Selon ces auteurs, c'était lorsque des suppléments se substituaient à la tétée (plutôt que lorsqu'ils la complétaient occasionnellement) que le taux de prolactine chutait chez les mères étudiées. De plus, à partir du moment où des suppléments étaient introduits, les bébés se réveillaient moins souvent la nuit. Ceci correspondait également à une diminution du taux de prolactine chez la mère.

Une autre étude a révélé que le taux de prolactine des mères qui nourrissaient leur bébé au biberon se retrouvait au même niveau qu'avant la grossesse quatre semaines après l'accouchement (Howie, 1982b). Les mères qui allaitaient présentaient un taux élevé de prolactine jusqu'au début du sevrage. Chez les mères qui avaient allaité en moyenne quarante semaines, l'ovulation n'était pas réapparue avant 4,3 semaines après le sevrage.

Le taux de prolactine baisse à mesure que diminue la fréquence de l'allaitement et que la répartition des tétées sur vingt-quatre heures est plus concentrée pendant la journée. Un anthropologue a démontré qu'il existe une relation entre l'âge où l'enfant commence à faire ses nuits et le retour des menstruations (Knauer, 1982). Selon cette étude, une seule période prolongée de séparation de la mère et de l'enfant, soit pendant douze heures ou plus, suffisait à provoquer le retour des règles. D'autres chercheurs ont trouvé que le sang des femmes en pleine période de lactation et fumant plus de quinze cigarettes par jour ne contenait pas de prolactine. Ils en ont conclu que la nicotine pouvait bloquer la hausse de prolactine produite par la succion au sein (Howie, 1982a).

Des tétées fréquentes sont très importantes pour maintenir un taux élevé de prolactine. Les mères qui étaient demeurées infertiles le plus longtemps pendant la lactation étaient celles qui avaient allaité le plus longtemps et le plus fréquemment, qui avaient continué d'allaiter le plus longtemps la nuit et qui avaient introduit les suppléments le plus tard et le plus graduellement (Howie, 1982a). Les mères ovulaient de nouveau à partir du moment où elles allaitaient moins de six fois par jour et où la durée totale de la succion au sein était inférieure à soixante minutes par jour.

Chez les mères qui étaient devenues enceintes pendant qu'elles allaitaient, la plupart avaient conçu après le début du sevrage (Howie et McNeilly, 1982). On peut supposer que les intervalles de plus en plus longs entre les tétées pendant la période de sevrage ont permis au système endocrinien de déclencher l'ovulation. Selon une autre étude réalisée auprès de 500 femmes qui allaitaient exclusivement, six femmes seulement avaient conçu pendant qu'elles allaitaient, avant le début du sevrage (Giosia, 1955). Les chercheurs en ont conclu que l'allaitement était une méthode de contraception efficace à 99 pour cent et qu'il fournissait une protection contre la fertilité pendant au moins neuf mois, pourvu qu'aucun repas de substitution ne soit ajouté. Il semble également que l'aménorrhée de la lactation (absence de menstruation) dure moins longtemps chez les femmes plus jeunes.

Les femmes des pays en voie de développement, où l'allaitement est une méthode plus efficace d'espacement des grossesses, ont une répartition plus uniforme des tétées sur une période de vingt-quatre heures (Jelliffe et Jelliffe, 1978). Ainsi, 31 pour cent des tétées ont lieu entre vingt heures et six heures du matin. De leur côté, les mères occidentales tentent souvent de concentrer les tétées durant le jour et d'espacer celles de la nuit dans l'espoir que le bébé « fasse ses nuits ».

Des études réalisées sur la tribu des ¡Kung, un peuple de cueilleurs-chasseurs vivant en Afrique, ont révélé quelques faits intéressants sur le maternage naturel et la planification naturelle des naissances (Konner et Worthman, 1980). Dans cette culture, les bébés sont constamment à proximité physique de la mère et, ce, jusqu'à l'âge de deux ans ou au-delà. Les périodes de séparation sont brèves jusqu'à l'âge de trois ans et demi, âge où l'enfant est souvent sevré à cause de la venue imminente d'un nouveau bébé. Les bébés dorment sur le même tapis de peau que leur mère jusqu'au sevrage et les tétées nocturnes sont la norme. Lorsqu'elles étaient interrogées à ce sujet, les mères répondaient que leur bébé tétait plusieurs fois durant la nuit, sans se réveiller. Le jour, les bébés tétaient pendant des périodes courtes mais fréquentes, parfois plusieurs fois en une heure. L'intervalle moyen entre les naissances, chez ces mères ¡Kung, était de quarante-quatre mois. Aucune autre forme de contraception n'était utilisée et il n'y avait pas de tabous concernant les relations sexuelles durant la lactation.

Une étude sur des mères américaines qui pratiquaient le maternage naturel a révélé que des femmes occidentales pouvaient atteindre des résultats similaires si elles allaitaient leur bébé fréquemment (Elias, 1984). L'auteur a comparé quinze mères, des membres de la Ligue La Leche, avec quinze mères qui allaitaient leur bébé selon une méthode plus restrictive (groupe témoin). Les résultats ont démontré que les mères de la Ligue La Leche n'avaient pas eu de périodes menstruelles avant 13,3 mois en moyenne, tandis que la période d'aménorrhée des mères du groupe témoin avait duré 8,7 mois en moyenne. Les mères de la LLL allaitaient plus fréquemment tant le jour que la nuit et leurs bébés étaient sevrés plus tard. Les chercheurs ont déclaré que le facteur le plus important associé à l'infertilité durant la lactation était la durée de l'allaitement la nuit. Le second facteur en importance était l'âge où avaient été introduits les repas complémentaires.

Une autre étude montrant que les femmes américaines peuvent connaître de longues périodes d'aménorrhée de la lactation, semblables à celles des femmes des pays en voie de développement, a été réalisée par Sheila Kippley (1974). Chez un groupe de vingt-neuf femmes pratiquant le maternage naturel, il n'y avait eu aucun cas de conception avant le douzième mois post-partum et la conception la plus précoce sans menstruation d'avertissement est survenue à quinze mois. La durée moyenne d'aménorrhée de la lactation était de 14,6 mois. Les Kippley ont dressé une liste des pratiques les plus susceptibles de prolonger l'aménorrhée de la lactation :

- Aucune sucette
- Aucun biberon
- Aucune nourriture solide ou liquide (sauf le lait maternel) pendant cinq mois
- Aucun horaire pour les tétées, sauf celui du bébé
- Allaiter la nuit
- Allaiter en position couchée (pendant la sieste et la nuit).

Les règles du jeu

Les recherches sur l'allaitement et la fertilité ont conduit à l'élaboration de la Méthode de l'allaitement maternel et de l'aménorrhée de la lactation, la MAMA. Cette méthode est utilisée dans les centres de santé à travers le monde pour aider les femmes à reconnaître le retour de leur fertilité à la suite d'un accouchement. Selon les directives de la MAMA, l'allaitement est un moyen de contraception efficace, du moment que la mère peut répondre « non » aux questions suivantes :

1. Vos menstruations sont-elles revenues ?
2. Donnez-vous régulièrement un supplément à votre enfant ou passez-vous de longues périodes sans allaiter, durant le jour (plus de quatre heures) ou durant la nuit (plus de six heures) ?
3. Votre bébé est-il âgé de plus de 6 mois ?

Du moment que la mère répond « non » à chacune de ces questions, elle a moins de 2 pour cent de chance de devenir enceinte.

Les directives de la MAMA demeurent conservatrices. Bon nombre de mères constatent que leur style d'allaitement est efficace pour espacer les grossesses bien au-delà de six mois. Voici les caractéristiques de l'art parental favorisant l'attachement qui aident à prolonger l'infertilité :

1. Allaiter sans restriction, le jour comme la nuit.
2. Allaiter la nuit, de préférence en dormant avec le bébé.
3. Retarder l'introduction de repas complémentaires au moins jusqu'à l'âge de six mois. Les aliments solides ne devraient pas remplacer l'allaitement, mais plutôt être ajoutés au régime du bébé.

Le retour des règles après l'accouchement survient généralement avant l'ovulation. C'est un avertissement que le retour de la fertilité est proche. Chez certaines femmes qui allaitent, l'ovulation peut se produire avant les premières règles et il arrive que la mère ignore qu'elle est à nouveau fertile. Ceci risque davantage de se produire quand le bébé a plus d'un an ou après le début du sevrage. Chez la plupart des femmes qui allaitent, la première menstruation est anovulatoire. En d'autres mots, la plupart des femmes n'ovulent pas et ne sont pas fertiles avant d'avoir eu au moins une menstruation.

Comme la présence ou l'absence de menstruations n'est pas une indication infaillible du retour de la fertilité, il est bon, pour les mères qui allaitent, de connaître les autres signes annonciateurs du retour de la fertilité. De tout temps, les femmes ont appris à reconnaître les modifications naturelles de leur corps pour déterminer quand elles sont fertiles. Les changements de la glaire cervicale sont un des signes à surveiller pour déterminer le moment de l'ovulation. On trouvera une description des diverses techniques de planification naturelle des naissances dans les livres cités à la fin du présent chapitre. La meilleure façon d'apprendre à connaître ces signes, particulièrement lorsque vous allaitez, est de communiquer avec un conseiller en régulation naturelle des naissances.

Le maternage naturel, particulièrement l'art parental favorisant l'attachement pendant la nuit, peut être une méthode fiable d'espacement des grossesses. Les parents qui ont la chance d'avoir un bébé qui dort toute la nuit sont également plus susceptibles d'avoir la chance d'avoir un autre enfant rapproché.

RÉFÉRENCES

Andersen, A. and Schioler, V. 1982. Influence of breastfeeding pattern on pituitary-ovarian axis of women in an industrialized community. *Am J Obstet Gynecol* 143:673.

Elias, M.F. et al. 1986. Nursing practices and lactation amenorrhœa. *J Biosoc Sci* 18:1-10.

Giosia, R. 1955. Incidence of pregnancy during lactation in 500 cases. *Am J Obstet Gynecol* 70:162.

Howie, P. W. and McNeilly, A.S. 1982. Effect of breastfeeding on human birth intervals. *J Reprod Fertil* 65:545.

Howie, P. W. et al. 1982a. Fertility after childbirth: Infant feeding patterns, basal PRL levels and postpartum ovulation. *Clin Endocrinol* 17:315.

Howie, P. W. et al. 1982b. Fertility after childbirth: Postpartum ovulation and menstruation in bottle and breastfeeding mothers. *Clin Endocrinol* 17:323.

Institute for Reproductive Health. *Guidelines: Breastfeeding Family Planning, and the Lactational Amenorrhea Method – LAM.* Washington, DC: Georgetown University, 1994.

Jelliffe, D. B. and Jelliffe, E.F.P. 1978. *Human Milk in the Modem World*. Oxford: Oxford University Press.

Kippley, J. F. and Kippley, S.K. 1984. *The Art of Natural Family Planning*, 3d ed. Cincinnati: Couple to Couple League.

Kippley, S. 1989. *Breastfeeding and Natural Child Spacing*, 2d ed. Cincinnati: Couple to Couple League.

Knauer, M. 1982. Postpartum fertility and breastfeeding. Paper presented at the l0th annual meeting of the Canadian Association for Physical Anthropologists, Guelph, Ontario.

Konner, M. and Worthman, C. 1980. Nursing frequency, gonadal function, and birth spacing among!Kung hunter-gatherers. *Science* 207:788.

Lewis, P. et al. 1991. The resumption of ovulation and menstruation in a well-nourished population of women breastfeeding for an extended period of time, *Fertil Steril* 55:529.

Winstein. M. 1994. *Your Fertility Signals: Using Them to Achieve or Avoid Pregnancy, Naturally*. St.Louis, MO: Smooth Stone Press.

Chapitre 11

Troubles du sommeil courants chez l'enfant

La nuit est une période terrifiante pour les petits. Les activités étranges qui peuvent se dérouler durant le sommeil des enfants risquent de stresser les parents. Ces troubles du sommeil sont divisés par catégorie selon les phases de sommeil au cours desquelles ils surgissent.

Troubles du sommeil paradoxal

Les cauchemars

Les cauchemars sont les troubles du sommeil les plus courants chez les enfants entre l'âge de deux et cinq ans. Ils se produisent durant le sommeil paradoxal. Le terme cauchemar vient de l'ancien français « cauche » (fouler, presser) et du néerlandais « mare » (fantôme). Au Moyen-Âge, on croyait que les cauchemars étaient causés par un démon qui écrasait la poitrine du dormeur.

On qualifie souvent les cauchemars de mauvais rêves et c'est exactement ce qu'ils sont. Chez l'enfant, les rêves sont habituellement une reconstitution des expériences, bonnes ou mauvaises, vécues durant la journée. L'enfant déforme la réalité dans ses cauchemars ; ainsi, un chien deviendra un monstre. Cette image déformée réveille facilement l'enfant, car elle surgit pendant le sommeil paradoxal ou en phase de sommeil léger. L'enfant qui se réveille à ce moment-là est d'autant plus terrifié qu'il est encore incapable de distinguer le fantasme de la réalité. Il croit vraiment qu'il y a un monstre dans sa chambre.

Si votre enfant insiste et se dit convaincu qu'il y a un dragon dans sa chambre, jouez au jeu suivant avec lui : « Papa est allé dans ta chambre, il a capturé le dragon et l'a mis dans une cage. » N'hésitez pas à combattre le fantastique par le fantastique. Le père pourrait également s'étendre aux côtés de l'enfant jusqu'à ce que celui-ci se rendorme. Les cauchemars à répétition provoquent souvent la peur. L'enfant a peur de s'endormir par crainte de faire un autre cauchemar. Lorsque l'enfant est suffisamment grand pour faire la différence entre le rêve et la réalité, les effets des cauchemars s'atténuent.

Évitez le plus possible les expériences angoissantes durant la journée. À partir de trois ans, l'enfant est généralement capable de raconter ses rêves ou ses cauchemars. Vous devrez peut-être jouer au détective pour trouver si quelque chose a perturbé l'enfant pendant la journée. Les parents ne peuvent faire complètement disparaître les cauchemars des nuits de leur enfant, mais il y a moyen d'en atténuer les effets terrifiants. Durant la journée, essayez d'éviter le plus possible ce qui peut faire peur à l'enfant et qui risque de réapparaître dans ses rêves. Les émissions de télévision, les livres d'histoires de peur, la musique et les scènes de ménage peuvent affecter le sommeil de votre enfant. Des rituels agréables au moment du coucher aide l'enfant à entrer dans le sommeil sur une note paisible. Certaines prières peuvent provoquer des rêves angoissants, par exemple celle qui se termine ainsi : « Si je dois mourir pendant mon sommeil, je prie le Seigneur qu'il accueille mon âme. » Aucun enfant ne veut s'endormir après avoir appris qu'il risque de ne pas se réveiller le lendemain matin. Choisissez des prières ou des histoires plus joyeuses. (Pour des suggestions, voir le chapitre 4.)

Un réveil rassurant. Faites en sorte que l'enfant effrayé se réveille la nuit dans un environnement rassurant. L'enfant terrifié qui se réveille seul ne bénéficie pas du soutien immédiat dont il a besoin pour l'aider à distinguer le rêve de la réalité. Les enfants qui dorment avec leurs parents (soit dans leur lit ou dans leur chambre)font moins de cauchemars. On a même observé que les enfants qui dormaient avec des frères et sœurs avaient moins de cauchemars. (Anders et Weinstein, 1972). Prodiguer des soins à son enfant durant la nuit aide à atténuer l'effet des cauchemars sur son attitude à l'égard sommeil. Si un enfant qui est sujet aux cauchemars se réveille dans les bras de quelqu'un qui l'aime, il risque moins d'avoir peur d'aller au lit.

Troubles du sommeil lent

Les troubles du sommeil lent se manifestent lorsque l'enfant passe du stade le plus profond au stade le plus léger du sommeil. Ces troubles comprennent les terreurs nocturnes, le somnambulisme, la somniloquie (parler pendant son sommeil) et l'énurésie nocturne (faire pipi au lit). Ces troubles ont plusieurs caractéristiques communes :

- Il y a souvent des antécédents familiaux de troubles du sommeil similaires.
- Ces troubles surgissent habituellement au cours des premières heures de sommeil.
- Ils sont plus fréquents chez les garçons.
- L'enfant ne se souvient de rien et il est très difficile à réveiller pendant la manifestation du trouble.
- Ces troubles sont plus fréquents entre l'âge de cinq et douze ans.

En général, plus le sommeil est profond, plus l'activité résultante est bizarre et angoissante. On croit que ces troubles seraient causés par l'immaturité du système nerveux central. Ces troubles disparaissent d'eux-mêmes chez la plupart des enfants et ils sont rarement accompagnés de problèmes psychologiques sous-jacents. Les troubles du sommeil lent ne sont pas causés par un style parental particulier et ils sont notoirement réfractaires à la plupart des traitements.

Les terreurs nocturnes

Les terreurs nocturnes sont, pour les parents, le trouble du sommeil le plus bouleversant dont ils peuvent être témoins. En phase de sommeil profond, l'enfant s'assoit subitement, pousse un cri perçant et semble pâle et terrorisé. Il fixe, les yeux grands ouverts, un objet imaginaire, pleure de façon incohérente, respire bruyamment, transpire et ne répond d'aucune façon aux tentatives de ses parents pour le consoler. Ces attaques durent généralement cinq à dix minutes. L'enfant n'est pas vraiment réveillé et, par la suite, il retombe dans un sommeil profond et calme. Au réveil, il ne se souviendra de rien. Quoique inquiétantes pour les parents, les terreurs nocturnes ne semblent pas déranger l'enfant parce qu'il n'est pas complètement réveillé lorsqu'elles se manifestent et qu'il ne garde aucun souvenir de cette étrange activité nocturne. (Lorsqu'il fait un cauchemar, l'enfant se réveille et peut se rappeler son rêve terrifiant. Il a alors de la difficulté à se rendormir sans l'aide de ses parents.) Les terreurs nocturnes n'engendrent habituellement pas de crainte vis-à-vis le sommeil, car l'enfant ne semble en garder aucun souvenir conscient. Le somnambulisme, la somniloquie et l'énurésie nocturne peuvent se produire au cours de terreurs nocturnes. Celles-ci diminuent avec l'âge et ne nécessitent aucun traitement médical.

Le somnambulisme

La plupart des enfants connaîtront au moins une épisode de somnambulisme. Plusieurs épisodes peuvent passer inaperçus aux yeux des parents. Parfois l'enfant peut s'asseoir brusquement, les yeux grands ouverts et fixant le vide, mais sans quitter le lit. Certains enfants somnambules ont également des terreurs nocturnes. Lorsqu'un enfant marche pendant son sommeil, il paraît maladroit, mais, contre toute attente, il a des mouvements suffisamment coordonnés pour contourner les obstacles sans tomber ou se faire mal. Il ouvre souvent les portes ou les tiroirs. Les rondes de l'enfant somnambule peuvent durer cinq à trente minutes, après quoi il retourne au lit sans aucun souvenir de ce qu'il a fait et où il est allé. Le somnambule est très difficile à réveiller, quoique, dans le tiers des cas, l'épisode se termine par le réveil de l'enfant.

Même s'il est rare que les somnambules se blessent, il est plus prudent de créer un environnement sécuritaire où votre petit dormeur pourra déambuler. Vous devriez éliminer les objets dangereux sur son chemin :

les meubles aux angles pointus, les fils électriques, les vaporisateurs, les chaufferettes portatives, etc. Si votre promeneur nocturne réussit à sortir de sa chambre et vous réveille, essayez de le guider doucement vers son lit au lieu de tenter de le réveiller complètement. La somniloquie peut accompagner le somnambulisme. Les paroles peuvent être étonnamment intelligibles. Le sujet de la conversation est généralement en lien avec des expériences vécues la journée précédente.

L'énurésie nocturne

L'âge où l'on considère que l'enfant mouille son lit - et non plus simplement sa couche - varie d'une famille à l'autre. En général, c'est vers l'âge de cinq ou six ans que parents et enfants commencent à s'inquiéter de cette situation. La plupart des enfants ne mouillent plus leur lit la nuit vers l'âge de trois ans et à six ans, 85 pour cent d'entre eux passent la nuit au sec. L'énurésie nocturne est deux fois plus fréquente chez les garçons que chez les filles. Il y a un facteur héréditaire à l'énurésie nocturne. Les enfants dont les parents faisaient pipi au lit sont plus à risque de souffrir d'énurésie nocturne.

L'énurésie nocturne et le sommeil

L'énurésie nocturne peut être considérée comme un trouble du sommeil, ou plus précisément, un trouble de l'éveil. L'enfant dort si profondément qu'il n'a pas conscience qu'il doit vider sa vessie. Les parents observateurs en concluent : « Il dort si profondément qu'il ne se rend même pas compte qu'il mouille son lit. » Ces dormeurs ne sentent pas leur vessie durant la nuit, d'où leur incapacité à la contrôler. Certains enfants qui mouillent leur lit ont des cycles de sommeil différents de ceux qui passent la nuit au sec. Les enfants qui mouillent leur lit tombent rapidement dans le sommeil profond et demeurent plus longtemps dans cette phase de sommeil. Le premier épisode d'énurésie nocturne survient vers la fin de cette période prolongée de sommeil profond, juste avant la première phase de sommeil paradoxal, soit une à trois heures après que l'enfant se soit endormi. C'est ce qui explique pourquoi de nombreux enfants se réveillent, lorsqu'ils entrent dans la première phase de sommeil paradoxal, pour constater qu'ils sont déjà mouillés.

Chez certains enfants, l'énurésie nocturne peut aussi être attribuée au contrôle hormonal de la production de l'urine. Certains de ces enfants ont une déficience de ADH (hormone antidiurétique), l'hormone sécrétée durant le sommeil pour concentrer l'urine afin que les reins en produisent en plus petite quantité et que la vessie ne se remplisse pas trop vite. Les enfants qui mouillent leur lit peuvent produire une grande quantité d'urine pendant la nuit, mais ils ne sont tout simplement pas conscients qu'ils doivent vider leur vessie. De surcroît, un petit nombre d'enfants ont une petite vessie qui se remplit plus rapidement.

Les mythes de l'énurésie nocturne

L'énurésie nocturne n'est pas un problème psychologique. Votre enfant n'est pas trop paresseux pour se lever, il n'essaie pas de vous contrôler ni de manipuler la famille. Le fait qu'il soit si mal compris empêche ce phénomène d'être considéré à juste titre comme un problème d'ordre médical. Si les poumons ne fonctionnent pas bien, l'enfant reçoit un traitement contre l'asthme et beaucoup d'empathie. Si la vessie ne fonctionne pas bien, on accuse l'enfant d'être paresseux, entêté et immature. Le fait que cela ne dérange pas l'enfant est également un mythe. Connaissez-vous vraiment un enfant qui voudrait se réveiller pendant des années dans un lit mouillé et nauséabond et, chaque matin, commencer sa journée en retirant les draps de son lit pour aller les mettre dans la laveuse ?

Les neuf étapes menant aux nuits sèches

Voici, étape par étape, la méthode permettant d'éliminer l'énurésie nocturne que j'ai élaborée au cours de mes vingt-cinq années de pédiatrie. J'ai constaté que cette méthode éprouvée est efficace dans au moins 70 pour cent des cas.

Étape un : Tenez un journal. Quelles sont les différences entre les journées précédant une nuit sèche et celles qui précèdent une nuit mouillée? Existe-t-il un lien entre l'énurésie nocturne et certains aliments, boissons, événements quotidiens, événements familiaux, situations scolaires, le rythme quotidien des selles et des urines ou la dynamique familiale ? Les allergies alimentaires, les boissons gazeuses ou qui contiennent de la caféine, les problèmes de constipation ou les stress de la vie quotidienne peuvent affecter jusqu'à un certain point la capacité de rester au sec la nuit. Toutefois, la plupart des parents sont incapables de mettre le doigt sur une cause environnementale précise.

Étape deux : Faites évaluer la situation par un médecin. L'énurésie nocturne est parfois attribuable à un problème médical spécifique. Vous devez éliminer cette possibilité avant d'entreprendre un programme d'entraînement de nuit.

Étape trois : Expliquez le problème à votre enfant. Pour réussir le programme, votre enfant doit coopérer et comprendre que les nuits sèches sont en partie sa responsabilité. En effet, pour que votre enfant réussisse à demeurer au sec la nuit, il faudra travailler en équipe, mais, en bout de ligne, c'est sa vessie et lui qui devront apprendre ce qu'il faut faire.

Voici comment j'explique la situation à un enfant de six ans : « Ta vessie ressemble à un ballon de la taille d'une balle de baseball. De petits nerfs à l'intérieur du ballon avertissent ton cerveau lorsque ta vessie est pleine et que tu dois aller à la salle de bain pour la vider. Un muscle en forme de beigne est situé tout juste à l'extrémité de ta vessie et il se resserre pour retenir ton pipi à l'intérieur jusqu'à ce que tu arrives à la toilette. Si tu ne peux pas te rendre à la salle de bain immédiatement, ce muscle t'aide à retenir ton pipi jusqu'à ce que tu puisses y aller. La nuit, lorsque ton cerveau dort et que ta vessie lui dit : 'Je suis trop pleine, je dois me vider.' Ton cerveau lui répond : ' Ne me dérange pas, je dors.' C'est alors que ton pipi coule sur tes draps au lieu de couler dans la toilette. »

Quand vous aurez aidé votre enfant à comprendre ce qui se passe dans son corps lorsqu'il mouille son lit, expliquez-lui que vous travaillerez avec lui pour apprendre à son cerveau et à sa vessie à mieux communiquer la nuit pour qu'il se réveille et se rende à la salle de bain.

Étape quatre : Aidez votre enfant à mieux vider sa vessie. Tout juste avant d'aller au lit, amenez-le à la salle de bain et encouragez-le à faire pipi « trois fois » ou à faire « grr, grr, grr » en urinant pour s'assurer qu'il vide bien la vessie. De nombreux enfants fatigués et trop pressés vont au lit avec une vessie à moitié pleine.

Étape cinq : Réveillez votre enfant la nuit pour uriner. La plupart des enfants mouillent leur lit dans les heures qui suivent le coucher et la plupart des parents vont au lit quelques heures après leurs enfants. Ainsi donc, avant d'aller vous coucher, réveillez votre enfant et amenez-le à la salle de bain. Si vous transportez votre enfant endormi, il ne videra pas complètement sa vessie. Il doit être suffisamment réveillé pour sentir ce qui se passe dans sa vessie. Faites-le marcher jusqu'à la salle de bain. Demandez-lui de s'asperger le visage d'eau froide ou de passer une serviette humide sur son visage pour le réveiller et de « grogner » trois fois pour bien vider sa vessie. Si votre enfant mouille encore son lit, même après l'avoir réveillé avant de vous coucher, réglez votre réveil-matin et réveillez-le à nouveau deux à trois heures plus tard. Lorsqu'il aura connu quelques nuits sèches, votre enfant sera plus motivé à collaborer à ces exercices. Certains enfants arrivent même à se réveiller seuls à l'aide d'un réveil-matin, à se lever et à se rendre à la salle de bain sans réveiller leurs parents.

Étape six : Faites des exercices pour entraîner la vessie. Juste avant de mettre votre enfant au lit ou avant de le recoucher après l'avoir réveillé pour aller à la toilette, passez en revue le processus du réveil pour faire pipi la nuit. « Je vais sentir ma vessie se gonfler et je vais me lever pour aller à la toilette. Je vais m'asperger le visage d'eau froide et je vais faire grr, grr, grr pour faire sortir tout le pipi. » Rendez ces conversations amusantes afin que votre enfant éprouve des sentiments positifs face à son apprentissage.

Étape sept : Faites des exercices de conditionnement de la vessie durant le jour. Ces exercices permettent à l'enfant d'accroître la capacité de sa vessie, d'améliorer son contrôle neuromusculaire et de détecter plus facilement quand sa vessie est pleine durant la journée et, possiblement, pendant la nuit aussi. Essayez les exercices suivants :

1. *Retenue progressive.* Encouragez votre enfant à boire de grandes quantités de liquide et à retenir volontairement son urine pour des périodes de plus en plus longues, même s'il ressent l'envie d'uriner. À mesure que la capacité de sa vessie augmente, comme un ballon qui s'étire, celle-ci devrait pouvoir contenir davantage d'urine sans être vidée aussi souvent.
2. *Interruptions volontaires.* Lorsqu'il urine, demandez à votre enfant de retenir son jet, puis de recommencer à uriner. Demandez-lui de le faire plusieurs fois. Cela lui permet de comprendre qu'il peut contrôler sa vessie, s'il le désire. Parlez-en à votre médecin avant d'entreprendre ces exercices. Ils peuvent ne pas convenir à certains enfants, surtout les filles ayant des antécédents d'infections urinaires.

Étape huit : Essayez un dispositif de conditionnement de la vessie. Il s'agit d'une sorte de serviette hygiénique sensible à l'humidité que l'enfant porte à l'intérieur de son sous-vêtement. Lorsque quelques gouttes d'urine tombent sur la serviette, une sonnerie ou une vibration se déclenche et réveille l'enfant, de sorte qu'il peut finir d'uriner dans la toilette. J'ai utilisé ces dispositifs pendant vingt ans dans ma pratique et, selon mon expérience, ils sont efficaces 70 à 80 pour cent du temps, s'ils sont utilisés avec les exercices que je viens de décrire. Ces dispositifs fonctionnent selon le principe de la réponse conditionnée. L'enfant apprend à associer l'alarme à la sensation d'une vessie pleine. À la longue, il apprend à devancer l'alarme et à se lever pour se rendre à la salle de bain quand sa vessie est pleine, avant que l'alarme ne sonne.

Avant d'avoir recours à ce dispositif, effectuez plusieurs séances de pratique. Lorsque votre enfant est couché dans son lit, déclenchez l'alarme. Rendez-vous par la suite avec lui à la salle de bain où il se réveillera en s'aspergeant le visage d'eau froide et videra ensuite sa vessie.

Il faudra peut-être plusieurs semaines avant que le nombre de nuits sèches commence à augmenter. Les rechutes sont fréquentes après quelques mois. Vous aurez donc peut-être à réutiliser le dispositif et à recommencer les exercices. Des parents signalent parfois que l'alarme qu'ils ont commandée dans un catalogue ne fonctionne pas. C'est parce qu'ils n'ont pas fait les exercices qui sont une partie essentielle de l'ensemble du conditionnement de la vessie.

Étape neuf : Le renforcement positif. Récompensez votre enfant qui travaille à résoudre son problème d'énurésie nocturne. Faites un tableau où vous inscrirez S pour nuit sèche et M pour nuit mouillée. Convenez du nombre de S nécessaires afin de mériter une récompense, peut-être une sortie spéciale avec vous. Le sentiment de contrôler sa vessie sera bientôt une récompense en soi.

Les médicaments contre l'énurésie nocturne

Les médicaments ne guérissent pas l'énurésie nocturne, ils ne font que la contrôler jusqu'à ce que l'enfant apprenne à se contrôler lui-même. Votre médecin peut suggérer du DDAVP (desmopressine) qui diminue la production d'urine la nuit, un peu comme l'action naturelle de l'hormone antidiurétique de l'enfant. Ce médicament est disponible sous forme de comprimé et de vaporisateur nasal que l'enfant prend, avant le coucher, pendant deux ou trois mois avant de cesser graduellement d'en faire usage. Bon nombre d'enfants connaissent des rechutes et doivent reprendre le médicament. Le DDAVP est efficace chez 80 à 90 pour cent des enfants qui ne répondent pas aux autres traitements. Il est sûr, efficace et n'entraîne que des effets secondaires mineurs, mais il est dispendieux.

L'un des plus anciens médicaments administrés dans les cas d'énurésie nocturne, et que je ne recommande pas personnellement, est l'imipramine (Tofranil) qui est essentiellement un antidépresseur. Il a des effets secondaires dont la fluctuation de la pression sanguine, les battements cardiaques irréguliers, l'anxiété, l'insomnie, la sécheresse de la bouche, la vision trouble, les nausées, les vomissements, la diarrhée, les étourdissements, la somnolence et les maux de tête. De plus, l'énurésie reprend souvent à la fin du traitement. Une surdose peut causer des convulsions. En utilisant la méthode en neuf étapes, l'usage de ce médicament est rarement nécessaire.

L'enfant qui suce son pouce la nuit

Certains enfants sont incapables de s'endormir sans se réconforter en suçant leur pouce et certains d'entre eux ont l'habitude de le faire pendant presque toute la nuit. Dans la plupart des cas, cette situation ne cause aucun problème, mais il peut arriver à l'occasion qu'un enfant exerce une telle pression sur ses dents avant supérieures que cela cause une malocclusion et qu'il ait besoin de traitements d'orthodontie.

Les raisons pour lesquelles certains enfants persistent à sucer leur pouce toute la nuit ont donné lieu à bien des hypothèses et des controverses. En 1977, deux chercheurs turcs ont étudié cinquante enfants dont l'âge variait d'un à sept ans et qui avaient l'habitude de sucer leur pouce (Ozturk et Ozturk). Les chercheurs ont comparé ce groupe à un groupe témoin d'enfants qui ne suçaient pas leur pouce. L'étude a révélé que les enfants qui étaient nourris au biberon avaient davantage tendance à sucer leur pouce que les enfants allaités. Plus l'enfant était sevré tard, moins il était susceptible de sucer son pouce. La plupart des enfants qui suçaient leur pouce avaient été nourris selon un horaire plutôt qu'à la demande. Le résultat le plus significatif était cependant que 96 pour cent des enfants qui suçaient leur pouce avaient été laissés seuls pour s'endormir après avoir été nourris. Parmi le groupe d'enfants qui ne suçaient pas leur pouce, pas un seul n'avait été laissé seul pour s'endormir. Au contraire, ces enfants avaient eu la possibilité de satisfaire leur besoin de succion jusqu'à ce qu'ils s'endorment.

Ces chercheurs ont émis l'hypothèse que le sommeil est une activité de régression pendant laquelle il y a retour à des réflexes plus primitifs, notamment le geste de porter la main à la bouche et de sucer. Lorsqu'il s'endort, l'enfant voit son réflexe primitif de succion stimulé et son besoin de succion, intensifié. Les auteurs de l'étude en ont conclu que si le bébé s'endort en tétant au sein, au biberon ou avec une sucette, le besoin de succion sera satisfait et que, plus tard dans la nuit, le réflexe de porter la main à la bouche ne stimulera pas la succion. En d'autres termes, un besoin comblé pendant la petite enfance disparaît. Un besoin non comblé ne disparaît pas, il réapparaît plus tard, parfois sous la forme d'une habitude indésirable. Dans ma propre clientèle, j'ai remarqué que les bébés qui s'endorment au sein, qui peuvent téter sans restriction durant la nuit et qui ne sont pas sevrés avant d'être prêts risquent beaucoup moins de développer l'habitude de sucer leur pouce.

RÉFÉRENCES

Anders, T. F. and Weinstein, P. 1972. Sleep and its disorders in infants and children: A review. *Pediatrics* 50:312.

Broughton, B. 1968. Sleep disorders: Disorders of arousal. *Science* 159:1070.

Campbell, K. 1981. Association of the domestic set-up with sleeping difficulties in children under three years of age. *Med J Aust* 2:254.

Ozturk, M. and Ozturk, O.M. 1977. Thumbsucking and falling asleep. *Bri J Med Psychol* 50:95.

Chapitre 12

Le syndrome de mort subite du nourrisson

Le syndrome de mort subite du nourrisson (SMSN), appelé aussi syndrome de mort au berceau, est l'une des plus grandes tragédies qui puisse survenir pendant la nuit. Un bébé en santé est mis au lit et est retrouvé mort plus tard, sans raison apparente. Les parents sont dévastés et s'interrogent sur la cause du décès de leur enfant. Bien que les recherches médicales présentent différentes théories sur le SMSN, elles n'arrivent toujours pas à expliquer ce qui arrive exactement lorsqu'un nourrisson meurt de façon imprévisible dans son sommeil.

Le SMSN est la principale cause de décès chez les bébés dont l'âge varie d'un mois à un an. Il touche plus souvent les nourrissons âgés d'un à six mois et l'on remarque une plus forte incidence vers trois mois. Les cas de SMSN sont plus fréquents durant les mois d'hiver et se produisent généralement entre vingt-deux heures et dix heures du matin. Certains facteurs environnementaux peuvent augmenter le risque de SMSN. Il est plus fréquent chez les familles de faible niveau socio-économique. Il est également plus fréquent dans les familles où la mère fume ou consomme des drogues. Le SMSN n'est pas causé par un parent qui roule sur le bébé ou par la suffocation.

Bien que l'on remarque une diminution des cas de SMSN au cours des dernières années, les nouveaux parents sont souvent très inquiets que leur bébé meure de façon imprévisible du SMSN. Durant de nombreuses années, les médecins n'arrivaient pas à atténuer ces craintes parce que la science médicale croyait alors qu'il n'y avait aucune prévention possible. De nouvelles études, toutefois, suggèrent que les parents contrôlent différents facteurs qui ont un effet sur les risques de SMSN. Quoiqu'il soit impossible de garantir que votre bébé ne sera pas une victime du

SMSN, vous pouvez tout de même en réduire le risque. Je crois que pratiquer l'art parental favorisant l'attachement est une des choses les plus importantes que vous pouvez faire en tant que parent pour diminuer le risque de SMSN chez votre bébé.

Le SMSN et le sommeil

Puisque le décès du nourrisson survient pendant son sommeil, on peut croire que le SMSN est un trouble du sommeil. Il est possible que le nourrisson victime du SMSN soit incapable de contrôler automatiquement sa respiration pendant le sommeil ou de se réveiller en réaction à un problème respiratoire. Pour comprendre cette théorie de la causalité, il est d'abord nécessaire de comprendre comment le nourrisson continue de respirer lorsqu'il dort.

Les mécanismes automatiques de la respiration

La respiration a pour fonction d'aspirer l'oxygène nécessaire au maintien de la vie et d'expirer le gaz carbonique, un déchet de l'organisme. Pour fonctionner correctement, l'organisme a besoin d'une quantité précise d'oxygène et de gaz carbonique dans le sang. Si le taux d'oxygène est trop bas ou celui du gaz carbonique, trop élevé, l'organisme ne fonctionne pas correctement. Pour maintenir cet équilibre, certains vaisseaux sanguins principaux sont munis de minuscules cellules détectrices appelées chémorécepteurs. Ces capteurs détectent les changements dans les taux d'oxygène et de gaz carbonique. Si le taux d'oxygène baisse trop ou si le taux de gaz carbonique augmente trop, les chémorécepteurs envoient des messages au cerveau d'accélérer la respiration. Pendant les heures d'éveil, la respiration est régie par des mécanismes volontaires du système nerveux en plus des chémorécepteurs. Durant le sommeil, le corps est particulièrement dépendant des chémorécepteurs pour que la respiration se poursuive. À mesure que le dormeur tombe dans un état de sommeil de plus en plus profond et que son niveau de conscience diminue, la respiration ralentit et le rôle de ces mécanismes automatiques revêt une importance plus grande encore.

Au cours des premiers mois, les mécanismes automatiques de respiration du nourrisson sont immatures. Lorsque vous observez un bébé qui dort, vous remarquerez que sa respiration n'est pas régulière.

Périodiquement, il semble arrêter de respirer, parfois aussi longtemps que dix à quinze secondes, puis il respire à nouveau, sans aucune difficulté apparente. C'est ce qu'on appelle la respiration périodique et elle est normale chez le nouveau-né. Plus le bébé est jeune ou prématuré, plus son mode de respiration est irrégulier et plus la respiration périodique est évidente. À mesure que l'enfant grandit, la respiration durant le sommeil devient plus régulière et la respiration périodique diminue (vers l'âge de six mois). On appelle **apnée** ces épisodes où le bébé cesse de respirer et qui se prolongent parfois au-delà de quinze à vingt secondes. Le rythme cardiaque chute alors de façon significative (de plus de 20 pour cent). En réaction à l'apnée du sommeil, soit les mécanismes automatiques de la respiration se déclenchent, soit le bébé se réveille. D'une façon ou de l'autre, la respiration normale reprend.

Quelquefois, l'apnée se prolonge et la respiration ne réussit pas à reprendre. Lorsque c'est le cas, les bébés qui sont branchés sur des moniteurs démontrent des signes que le taux d'oxygène dans leur sang a atteint un niveau dangereusement bas : le rythme cardiaque ralentit de façon inquiétante et le bébé devient pâle, bleu et mou. Il faut intervenir et réveiller le bébé. Il suffit parfois simplement de le toucher pour déclencher le mécanisme de la respiration. D'autres fois, il faut le tirer de son sommeil pour qu'il puisse respirer. Il est quelquefois nécessaire de recourir à la respiration bouche-à-bouche pour faire respirer le bébé. On dit des bébés qui ont eu un épisode d'apnée nécessitant une intervention extérieure pour déclencher leur respiration de nouveau, qu'ils ont survécu au SMSN. En d'autres termes, ils seraient morts si personne n'était intervenu. Certains bébés arrêtent malheureusement de respirer de façon permanente et succombent au SMSN.

Le SMSN en tant que trouble du sommeil

Il est possible que, dans certains cas, le SMSN soit fondamentalement un trouble du sommeil. Le bébé normal est pourvu d'un mécanisme protecteur qui l'aide à se réveiller en réaction à l'apnée. Pour des raisons inconnues, le bébé victime du SMSN, ou qui a failli y succomber, est incapable de se réveiller facilement pour réagir à un problème respiratoire menaçant sa vie.

L'étude du SMSN est compliquée du fait que les chercheurs n'obtiennent que très peu d'informations des bébés qui en meurent.

La plupart des données recueillies sur les causes entourant le SMSN proviennent d'autres sources. Les scientifiques ont étudié des bébés à risque élevé qui sont morts subséquemment du SMSN, des bébés qui ont failli y succomber et aussi les frères et sœurs de victimes du SMSN qui, pense-t-on, peuvent être prédisposés à des problèmes respiratoires qui pourraient conduire au SMSN.

Mécanismes d'éveil déficients. Le taux le plus élevé de cas de mort subite du nourrisson se situe vers l'âge de trois mois, ce qui coïncide avec la période où la plupart des bébés commencent à dormir « mieux », c'est-à-dire à passer un pourcentage de temps plus élevé en phase de sommeil calme. Durant cette phase de sommeil, le bébé réagit moins aux mécanismes stimulateurs de la respiration déclenchés par l'abaissement du taux d'oxygène et l'élévation du taux de gaz carbonique dans le sang (Harper, 1982).

Les études portant sur les bébés qui ont failli succomber au SMSN et sur les frères et sœurs de ceux qui en sont morts révèlent que ces bébés ont des épisodes de réveil nocturne moins fréquentes. Normalement, au cours des premiers mois, le bébé se réveille fréquemment lorsqu'il passe du sommeil calme au sommeil actif, puis de nouveau au sommeil calme. Des chercheurs ont émis l'hypothèse que le réveil pouvait être essentiel pour reprendre la respiration chez les bébés pourvus d'un mécanisme de reprise automatique moins efficace (Harper, 1981). Or les bébés à risque élevé (ceux ayant failli succomber au SMSN ainsi que les frères et sœurs des victimes du SMSN) se réveillaient moins souvent pendant la période de transition du sommeil calme au sommeil actif. Le bébé qui a de la difficulté à se réveiller est peut-être un bébé qui court un risque plus élevé d'être victime du SMSN.

Sensibilité réduite des chémorécepteurs. Le bébé à risque élevé a un rythme cardiaque plus rapide durant ses phases de sommeil calme (Leistner, 1980). Le rythme cardiaque augmente pour compenser la diminution du taux d'oxygène dans le sang. Ceci pourrait signifier que, de façon chronique, le bébé à risque élevé a de faibles taux d'oxygène pendant le sommeil calme. L'autopsie des victimes du SMSN révèle des modifications tissulaires qui reflètent les conséquences de l'hypoxie chronique (faible taux d'oxygène).

Une étude a révélé que les bébés à risque élevé avaient démontré une faible réaction d'éveil à une diminution du taux d'oxygène ou à une augmentation du taux de gaz carbonique dans le sang au cours de tests de provocation des chémorécepteurs (McCulloch, 1982). Lorsque le taux de gaz carbonique augmentait dans leur environnement, les bébés à risque élevé prenaient plus de temps à se réveiller, c'est-à-dire à ouvrir les yeux et à pleurer, et avaient besoin d'un taux plus élevé de gaz carbonique dans leur sang pour stimuler leur respiration. De plus, les bébés à risque élevé se réveillaient moins facilement lorsque le taux d'oxygène diminuait dans leur sang. Pour se réveiller, ils avaient également besoin d'un taux d'oxygène plus faible que les bébés à faible risque de SMSN. Les chercheurs en ont conclu que les victimes du SMSN ont une réaction d'éveil déficiente lors de l'apnée du sommeil.

Les bébés à risque élevé présentent également des épisodes plus fréquents d'apnée du sommeil et de respiration périodique (Guillemmault, 1981). Cette forme d'apnée se manifeste, le plus souvent, entre une heure et six heures du matin et environ dix minutes avant le réveil. Les bébés qui se réveillaient le plus souvent durant la nuit avaient moins d'épisodes d'apnée.

En résumé, ces découvertes laissent croire que les bébés à risque élevé souffriraient de deux anomalies respiratoires :

1. une sensibilité réduite au niveau des chémorécepteurs, c'est-à-dire qu'ils ne respirent pas lorsqu'ils en ont besoin ;
2. des réactions d'éveil déficientes au niveau du système nerveux en réponse à un problème respiratoire.

En d'autres termes, les bébés à risque élevé ne se réveillent pas lorsque cesse leur respiration.

Le sommeil actif protège contre le SMSN. Des études sur le sommeil ont démontré que le début du sommeil actif (sommeil paradoxal) stimule la respiration et le rythme cardiaque. En se basant sur les résultats obtenus, les chercheurs ont émis l'hypothèse suivante :

> Le sommeil actif « protège » le bébé humain contre le SMSN. La prépondérance et la durée des phases de sommeil actif chez le nouveau-né expliquent pourquoi le bébé jouit d'une étonnante immunité contre le SMSN au cours du premier mois de vie. La période de risque maximal coïncide avec la diminution rapide

de sommeil actif, entre l'âge de deux et trois mois. Vers l'âge de six mois, les mécanismes compensatoires cardiopulmonaires pendant le sommeil calme sont plus matures et le risque de décès (à cause d'une déficience de ces mécanismes) est réduit (Baker et McGinty, 1977).

En d'autres termes, le bébé n'est pas fait pour dormir toute la nuit avant d'être suffisamment mature pour le faire en toute sécurité.

Le tempérament du bébé, le sommeil et le SMSN

Les études qui laissent croire que le SMSN est plus fréquent chez les bébés au tempérament soi-disant facile fournissent d'autres preuves que le SMSN est un trouble de l'éveil. Dans une étude, des chercheurs ont interrogé les parents de quarante bébés victimes du SMSN sur le type de comportement de ceux-ci. Ces bébés avaient tendance à être moins actifs et réagissaient peu aux stimuli. Autrement dit, c'étaient des bébés « faciles » (Naeye, 1976).

Les auteurs d'une autre recherche n'ont cependant pas réussi à déceler une différence de tempérament entre des bébés normaux, des bébés ayant failli succomber au SMSN et les frères et sœurs de victimes du SMSN (Weissbluth, 1982). Toutefois, dans le groupe de bébés ayant failli succomber au SMSN, ceux qui avaient de faibles niveaux d'activité et des tempéraments moins intenses présentaient également plus d'apnée et de respiration périodique durant leur sommeil. De même, ceux d'entre eux qui étaient identifiés comme étant moins sensibles aux stimuli extérieurs lorsqu'ils étaient éveillés avaient plus d'épisodes d'apnée du sommeil. Les auteurs se sont gardés toutefois de conclure que tous les bébés moins sensibles aux stimuli extérieurs étaient nécessairement plus à risque d'être victimes du SMSN.

Des études sur le tempérament du bébé ont démontré que les bébés moins sensibles se réveillaient moins souvent la nuit (Carey, 1974). Chez les bébés qui souffrent de coliques, on croit que le SMSN est moins fréquent aussi longtemps que durent les coliques. Quoique la relation entre le tempérament du bébé et le SMSN demeure obscure, il est possible que le SMSN soit un trouble de la sensibilité aux stimuli d'éveil. Un tempérament plus sensible peut diminuer les risques de SMSN chez un bébé qui est déjà à risque d'en être victime.

Le SMSN et l'allaitement

Pendant des années, les chercheurs dans le domaine ont maintenu qu'il n'existait aucune différence entre les risques de SMSN chez le bébé allaité et chez le bébé nourri au biberon. Toutefois, de nouvelles études démontrent que les nourrissons qui n'ont jamais été allaités ont deux à trois fois plus de chance de mourir du SMSN. Les effets protecteurs de l'allaitement ont été confirmés dans des recherches menées en Nouvelle-Zélande (Mitchell, 1991), en Angleterre (Fleming, 1994) et aux États-Unis (Hoffman, 1988). De nombreuses raisons peuvent expliquer le risque plus faible de SMSN chez les bébés allaités. L'allaitement protège les nourrissons des infections respiratoires et gastro-intestinales, deux facteurs contribuant au risque de SMSN. Le lait maternel accélère le développement du système nerveux central en lui procurant les nutriments essentiels pour la myélinisation, soit la formation de la gaine sur les fibres nerveuses. On peut associer un cerveau mieux développé à un meilleur contrôle de la respiration durant le sommeil. Les bébés allaités dorment moins profondément que les bébés nourris au biberon et dorment plus souvent avec leur mère. Par conséquent, ils se réveilleront peut-être plus facilement en cas d'épisode de respiration interrompue. Bien que certains bébés allaités soient victimes du SMSN, l'allaitement est une façon de réduire les risques.

Le SMSN et le bon maternage

Même si un maternage inadéquat n'est certainement pas la cause du SMSN, il peut être un facteur qui y contribue chez les bébés présentant déjà des risques élevés. Des études ont révélé une incidence de SMSN beaucoup plus élevée chez les bébés de mères moins dévouées et moins compétentes. Une étude intéressante effectuée à Sheffield, en Angleterre, a démontré qu'il était possible de diminuer les risques de SMSN en améliorant la compétence de la mère (Carpenter et Emory, 1977). Les chercheurs avaient sélectionné un groupe de bébés à risque élevé parmi 15 000 bébés. Ils avaient divisé ces bébés à risque élevé en deux groupes : un groupe bénéficiait d'un suivi d'examens postnataux supplémentaires et de la visite à domicile bihebdomadaire d'une infirmière de la santé publique. Les mères de ce groupe particulier avaient également reçu une formation sur les compétences maternelles, la nutrition, l'hygiène et comment reconnaître les symptômes de maladie chez leur bébé. Le deuxième groupe ne recevait aucune attention particulière. Le taux de

SMSN a été trois fois plus élevé (10.6 sur mille) chez le groupe n'ayant reçu aucune attention que chez celui qui avait reçu une attention particulière (3.2 sur mille).

Comment le style parental peut réduire les risques de SMSN

Quelles sont les conséquences pratiques de cette étude pour les parents? Dans la première édition du présent ouvrage, je proposais l'hypothèse suivante :

> *Chez les bébés présentant des risques de SMSN, le maternage naturel (allaitement sans restriction et sommeil partagé avec le bébé) réduira ce risque.*

Il s'agissait d'une nouvelle théorie à l'époque, théorie que j'avais fondée sur ma lecture des recherches sur le SMSN et sur ma compréhension de l'étroite relation entre une mère qui allaite et son bébé. J'espérais que la publication de cette hypothèse encouragerait plus de recherches scientifiques à ce sujet. Quinze ans plus tard, en 1999, je suis heureux de signaler que les preuves appuyant ma théorie initiale ne cessent de s'accumuler et que les experts commencent à comprendre comment la présence de la mère auprès de son bébé durant le sommeil peut prévenir le SMSN. Voici maintenant le raisonnement derrière ma théorie, ainsi que les preuves et les idées qui l'appuient :

Le sommeil partagé peut réduire les risques de SMSN

Si le SMSN est lié à une réaction d'éveil déficiente chez certains bébés, il s'ensuit que tout ce qui est susceptible d'augmenter la sensibilité du bébé ou l'état de conscience de la mère vis-à-vis son bébé diminuera le risque de SMSN. C'est exactement ce que font le sommeil partagé et l'allaitement pendant la nuit.

Le partage des cycles de sommeil. En tant que père de plusieurs bébés qui tétaient toute la nuit, j'ai remarqué que la mère et le bébé bougent et se réveillent brièvement en même temps. La mère et le bébé sont particulièrement conscients l'un de l'autre. Dans le cadre d'une étude sur le sommeil partagé de mères et de bébés menée dans un centre du sommeil, les réveils partagés des mères et de leur bébé allaité ont été observés et documentés (McKenna, 1994). Lorsque l'un remuait, toussait, bougeait ou changeait de position, l'autre le faisait aussi. Les chercheurs ont également démontré que les mères et les bébés qui

Comment le sommeil partagé protège contre le SMSN

La protection immunologique

Le bébé qui dort avec sa mère tète plus souvent. Le lait maternel offre une protection additionnelle entre l'âge de trois et six mois, alors que l'efficacité du système immunologique du bébé est à son niveau le plus bas et que le risque de SMSN est à son niveau le plus élevé.

La conscience de l'autre

La mère qui allaite et qui dort avec son bébé présente, comme lui, davantage de sommeil paradoxal et moins de sommeil lent. Au cours du sommeil paradoxal, la sensibilité à l'autre est augmentée : le taux d'oxygène dans le sang et la sensibilité aux stimuli respiratoires sont réduits pendant le sommeil lent.

L'harmonie respiratoire

Le bébé s'est habitué au rythme de la respiration de sa mère dans l'utérus. Après la naissance, la mère continue d'agir comme stimulateur respiratoire, rappelant au bébé de respirer.

Plus d'hormones

L'allaitement, surtout pendant la nuit, stimule la sécrétion de la prolactine, l'hormone de la détente qui aide la mère à être plus réceptive aux indices de son bébé.

Un développement accru

Le bébé qui tète souvent et qui a beaucoup de contact physique avec sa mère présente un développement global accru, ce qui peut signifier un meilleur développement cardiorespiratoire et neurologique.

La succion

Le bébé qui dort avec sa mère tète davantage et pendant qu'il tète, il est en phase de sommeil paradoxal. La succion améliore le taux d'oxygène dans le sang du bébé prématuré.

Le toucher

La peau comporte plusieurs terminaisons nerveuses et le toucher agit comme stimulant respiratoire. La stimulation tactile est accrue lorsque le bébé tète et se blottit contre le corps de sa mère qui bouge et respire.

Dodo sur le dos

Les bébés qui dorment près de leur mère ont tendance à dormir davantage sur le dos ou sur le côté, surtout après avoir laissé le sein.

dorment ensemble partageaient souvent le même cycle de sommeil durant la nuit. De toute évidence, la présence de l'un affecte l'autre.

Des études anthropologiques ont révélé que le taux de SMSN est environ trois à quatre fois plus élevé dans les cultures où les mères ne dorment pas avec leur bébé. Ainsi, le taux de SMSN semble élevé chez les peuples indigènes d'Amérique, où les bébés dorment dans des berceaux de planches. Des études plus exhaustives seraient nécessaires pour savoir exactement ce qui se passe lorsque la mère dort avec son bébé. Il est étrange que la science exige des preuves à l'effet que le sommeil partagé est bénéfique pour le bébé puisque cet arrangement pour dormir a été la norme pendant la plus grande partie de l'histoire humaine. Toutefois, il reste encore beaucoup à apprendre sur la façon dont la mère aide son bébé à se développer. En attendant, je me demande, s'il y avait moins de berceaux, n'y aurait-il pas moins de morts au berceau ?

Le bébé respire mieux lorsqu'il partage son sommeil. L'intérêt que je porte à la relation entre le sommeil partagé et la diminution des risques de SMSN m'a mené à compiler des données sur notre plus jeune fille, Lauren, alors qu'elle n'avait que huit semaines. À l'aide de matériel de surveillance sophistiqué, un technicien et moi avons surveillé à la maison le sommeil de Lauren durant deux nuits. La première nuit, mon épouse, Martha, a dormi à côté d'elle. L'autre nuit, Martha a allaité Lauren pour l'endormir dans notre lit, mais a ensuite dormi dans la pièce adjacente. Nous avons pu constater que le rythme cardiaque et la respiration de Lauren étaient plus réguliers en sommeil partagé et que les baisses du taux d'oxygène étaient beaucoup moins nombreuses. La surveillance d'un autre couple mère-bébé a donné des résultats similaires.

Évidemment, il s'agit d'un bien petit échantillon, duquel il est impossible de tirer des conclusions statistiques valables. Toutefois, nos données suggèrent une théorie qui requiert des études supplémentaires : un bébé qui dort avec sa mère est susceptible de connaître moins d'épisodes d'apnée et, par conséquent, est moins à risque du SMSN. Je le rappelle, ce ne sont pas des preuves scientifiques. Toutefois, bon nombre de mères de ma pratique qui allaitent et partagent le sommeil avec leur bébé ont le sentiment que leur propre respiration aide leur bébé à continuer de respirer. Elles ont remarqué que leur nourrisson respire de façon plus rythmique lorsqu'il est couché près d'elle que lorsqu'il est dans sa couchette. Une mère, dont le bébé était surveillé par un dispositif contre l'apnée en raison de difficultés respiratoires, a constaté que l'alarme se déclenchait souvent lorsque le bébé dormait seul, mais ne se déclenchait jamais lorsque le bébé dormait avec elle.

Le bébé n'est pas fait pour dormir toute la nuit. Si le SMSN est relié à l'incapacité du bébé de se réveiller, on peut croire que le bébé n'est pas fait pour dormir toute la nuit avant qu'il ne soit suffisamment mature pour éviter un arrêt respiratoire durant le sommeil calme. Les parents doivent être conscients que les études démontrant que les bébés dorment toute la nuit à un certain âge ont été réalisées dans un milieu artificiel : un laboratoire, un hôpital ou tout autre environnement où le bébé dort seul. Puisque le fait de dormir seul est considéré comme la norme, on étudie donc les bébés qui dorment seuls dans une couchette. Selon ces études sur des bébés qui dorment de façon « normale », le bébé commence à montrer une proportion plus élevée de sommeil calme et dort durant de plus longues périodes (toute la nuit) vers l'âge de trois mois, c'est-à-dire à l'âge où le risque de SMSN est le plus élevé. C'est à partir d'expériences mal réalisées qu'on obtient des généralisations erronées. Ni les parents ni les médecins ne devraient se servir de ces normes pour justifier l'entraînement du bébé à dormir seul toute la nuit à un âge donné.

Une étude laisse supposer que les normes du sommeil dérivées de ces études plus anciennes (où les bébés dorment toute la nuit à partir de l'âge de six mois) sont la conséquence logique des pratiques de sevrage précoce et de sommeil indépendant en vigueur dans la société occidentale (Elias, 1986). Cet auteur a comparé les cycles de sommeil et d'éveil chez deux groupes de nourrissons élevés selon des méthodes différentes. Un des groupes était formé de seize couples mère-bébé, appelé le groupe témoin, où les mères allaitaient, mais avaient tendance à sevrer plus tôt et à ne pas dormir avec leur bébé. L'autre groupe était formé de seize couples mère-bébé membres de la Ligue La Leche. Ces mères allaitaient leur bébé plus souvent durant la journée, le bébé se sevrait plus tard et il dormait généralement avec sa mère. Les cycles de sommeil et d'éveil des deux groupes étaient différents. Les périodes de sommeil des bébés du groupe témoin étaient passées d'une proportion médiane de 6,5 heures, à deux mois, à 8 heures à l'âge de quatre mois. Chez les bébés du groupe de la Ligue La Leche, les périodes de sommeil étaient demeurées à la même proportion médiane de 4 heures ; ils avaient continué de se réveiller la nuit pendant toute la durée de l'étude.

Ces auteurs ont également montré que la combinaison allaitement et sommeil partagé avec le bébé avait des effets très marqués sur les cycles de sommeil. Les bébés qui tétaient durant la nuit et qui partageaient le lit de leur mère dormaient moins longtemps à la fois ; ceux qui étaient allaités, mais qui ne partageaient pas le lit de leur mère, dormaient plus longtemps ; enfin, ceux qui n'étaient pas allaités et qui ne dormaient pas avec leur mère étaient ceux qui avaient les plus longues périodes de sommeil ininterrompu.

Le bébé humain fait partie d'une espèce qui a besoin de contact continu. La composition du lait de chaque espèce donne des indices sur le type de soins maternels spécifiques à cette espèce. Les animaux qui laissent leurs petits pendant des périodes prolongées produisent un lait riche en matières grasses et en protéines, qui satisfait les besoins du petit pendant une période relativement longue entre les tétées. Le lait humain est plutôt pauvre en matières grasses et en protéines, ce qui nécessite des tétées fréquentes, apparemment continuelles. Le bébé humain est fait pour être porté le jour et blotti contre sa mère la nuit, et non pour dormir séparé d'elle avant d'y être prêt.

Le SMSN et la maladie

L'art parental favorisant l'attachement peut également contribuer à diminuer le risque de SMSN en gardant le bébé en meilleure santé. Environ les deux tiers des bébés victimes du SMSN souffrent d'une maladie respiratoire ou intestinale quelques jours avant leur décès. On croit qu'une infection des voies respiratoires (nez obstrué ou rhume) peut contribuer à nuire au passage de l'air chez le bébé déjà sujet au SMSN. Les rhumes et autres affections peuvent provoquer l'apparition du SMSN en perturbant le sommeil du bébé. La fragmentation et le manque de sommeil empêchent les réactions d'éveil aux stimuli respiratoires (Keens et Van der Hol, 1984). Le bébé allaité est moins sujet aux rhumes et aux maladies intestinales durant la première année. La mère qui dort avec son bébé est plus consciente de ses besoins et est davantage disponible pour l'aider à combattre la maladie. C'est un autre exemple de la façon dont l'allaitement et le sommeil partagé peuvent réduire le risque de SMSN.

Dormir avec le bébé développe l'intuition maternelle

La mère qui répond aux pleurs de son bébé, qui l'allaite et qui dort avec lui semble mieux le connaître et développe une compétence maternelle plus intuitive. Des études ont démontré que le fait d'améliorer la compétence maternelle en matière de soins infantiles peut réduire le risque de SMSN (Carpenter et Emory, 1974). C'est un autre exemple de la façon dont l'art parental favorisant l'attachement pratiqué la nuit réduit le risque de SMSN.

Autres pratiques nocturnes pouvant réduire les risques de SMSN

Au cours des dix dernières années, la communauté médicale a commencé à éduquer les parents sur les façons de réduire le risque de SMSN chez leur bébé. Ces recommandations sont fondées sur des études à grande échelle qui ont comparé les bébés victimes du SMSN aux bébés qui n'en ont pas été victimes. Les résultats de ces études peuvent vous aider à fournir à votre bébé un environnement de sommeil sécuritaire.

Dodo sur le dos

La recommandation de coucher le bébé sur le dos est certes ce qui a été le plus médiatisé dans les campagnes de réduction des risques de SMSN menées par les services de santé publique. Les taux de SMSN ont considérablement chuté dans les pays qui ont mis sur pied des programmes d'information publique à ce sujet. Les recherches ont révélé un lien entre le sommeil sur le ventre et le SMSN et les cultures où les nourrissons sont traditionnellement couchés sur le dos pour dormir présentent un taux de SMSN inférieur. Par conséquent, les pédiatres ont commencé à dire aux parents de coucher leur bébé sur le dos, au moins jusqu'à l'âge de six mois.

Quel est le lien entre le fait de dormir sur le dos et des taux plus faibles de SMSN ? Il est possible que le bébé qui dort sur le ventre dorme plus profondément et qu'il se réveille ainsi plus difficilement lorsqu'il connaît une difficulté respiratoire. Puisque son visage est enfoui dans le matelas, il risque davantage de respirer l'air qu'il a expulsé, qui contient moins d'oxygène et plus de dioxyde de carbone que l'air ambiant. La respiration d'air expiré est plus probable chez le bébé qui dort sur le ventre sur une surface moelleuse, puisque son visage s'enfonce dans un oreiller, les draps ou le matelas. C'est pourquoi le bébé ne devrait pas utiliser d'oreiller et devrait dormir uniquement sur un matelas ferme.

Le sommeil partagé peut aider à promouvoir le dodo sur le dos ou sur le côté. Le bébé qui dort avec sa mère a une tendance toute naturelle à dormir sur le dos ou sur le côté lorsqu'il laisse le sein. Le dodo sur le dos lui permet également d'accéder plus facilement au sein durant la nuit. Les mères et les bébés qui dorment ensemble semblent trouver agréable d'être face à face pour dormir. (Pour d'autres informations sur les positions pour dormir, consultez le chapitre 4.)

Évitez de trop couvrir le bébé

Les recherches ont également démontré un lien entre le bébé qui a trop chaud et le SMSN. Le fait d'avoir trop chaud peut entraîner la défaillance des centres de contrôle respiratoire chez certains nourrissons. Ceci peut également expliquer pourquoi l'incidence de SMSN est plus élevée durant les mois d'hiver, lorsque les parents prennent davantage de précautions pour s'assurer que le bébé n'a pas froid. Le couvrir un peu n'est pas inquiétant, mais on parle plutôt d'un excès de vêtements et de couvertures dans une pièce déjà trop chaude.

Lorsque vous habillez votre bébé pour la nuit, pensez aux vêtements et aux couvertures dont vous avez besoin pour vous sentir au chaud. La plupart des bébés nés à terme n'ont pas besoin de plus de « pelures » que les adultes. Si la nuque de votre bébé est chaude ou moite, enlevez-lui une épaisseur de vêtement. Le bébé qui dort avec ses parents a probablement besoin de moins de vêtements que le bébé qui dort seul, puisque le corps des adultes est une source de chaleur additionnelle. N'emmaillotez pas un bébé fiévreux, vous ne ferez qu'accroître sa fièvre. Ne couvrez pas non plus la tête d'un bébé qui dort. Il est utile de le faire avec un nouveau-né de quelques heures afin de conserver sa chaleur, mais cette pratique chez un bébé de plus de quelques jours peut faire grimper dangereusement la température de son corps.

Procurez à votre bébé un environnement de sommeil sécuritaire

Les chercheurs ne savent pas le rôle que joue la suffocation dans le SMSN, mais certains nourrissons qui en ont été victimes ont été retrouvés le nez et la bouche recouverts par la literie. Certains cas de

SMSN peuvent être le résultat d'un écrasement - un adulte ou un enfant plus âgé qui roule sur le nourrisson l'empêchant ainsi de respirer. Consultez le chapitre 3 pour obtenir de l'information sur le sommeil partagé sans danger et le chapitre 14 pour des conseils sur la sécurité des lits de bébé et de la literie.

Ne fumez pas

Plusieurs études ont démontré qu'il y avait une corrélation entre le SMSN et le tabagisme chez les parents. Fumer durant la grossesse affecte le développement du fœtus et augmente le risque de prématurité et de petit poids à la naissance, ainsi que de SMSN. L'exposition à la fumée secondaire après la naissance contribue également à hausser les risques de SMSN. C'est pourquoi les pères et les mères ne devraient pas fumer. Les toxines contenues dans la fumée de cigarette peuvent affecter le rythme cardiaque du bébé et sa respiration. Les enfants de parents fumeurs sont plus souvent atteints d'infections respiratoires, ce qui est probablement une autre raison pour laquelle la cigarette est associée à un risque accru de SMSN. La liste des raisons convaincantes pour cesser de fumer lorsque l'on devient parent est très longue et l'augmentation des risques de SMSN vient en tête.

Un dernier mot

Si vous désirez en connaître davantage sur le SMSN, je vous recommande de lire mon livre *SIDS: A Parent's Guide to Understanding and Preventing Sudden Infant Death Syndrome*. Il contient une information plus détaillée sur les recherches sur le SMSN et sur ce que peuvent faire les parents pour réduire les risques chez leur bébé. Il contient également de l'information pour les parents qui ont perdu un enfant suite au SMSN. Même si je crois que les parents peuvent faire beaucoup pour réduire les risques de SMSN chez leur bébé, je ne voudrais pas suggérer que les parents d'un bébé qui est mort du SMSN sont à blâmer. Le SMSN est une terrible tragédie qu'on ne peut pas prévenir entièrement.

RÉFÉRENCES

Baker, T.L. and McGinty, D.J. 1977. Reversal of cardiopulmonary failure during active sleep in hypoxic kittens: Implications for sudden infant death. *Science* 198:419.

Carey, W.B. 1974. Night waking and temperament in infancy. *J Pediatr* 84:756.

Carpenter, R.G. et Emory, J.L. 1977. Final results of study of infants at risk of sudden infant death. *Nature* 268:724.

Elias, M.F. 1986. Sleep-wake patterns of breastfed infants in the first two years of life. *Pediatrics* 77:322-39.

Fleming, P.J. 1994. *Proceedings of the Fourth Annual SIDS Alliance National Conference*. Orlando, November 9-12.

Guillemmault, C. et al. 1981. Sleep parameters and respiratory variables in near-miss sudden infant death syndrome infants. *Pediatrics* 68:354.

Guntheroth, W. 1982. *Crib Death*. Mount Kisco, NY: Futura Publishing.

Harper, R.M. et al. 1981. Periodicity of sleep states is altered in infants at risk for the sudden infant death syndrome. *Science* 213:1030.

Harper, R.M. et al. 1982. Developmental patterns of heart rate and heart rate variability during sleep and waking in normal infants and infants at risk for the sudden infant death syndrome. *Sleep* 5:28.

Hoffman, H. et al. 1988. Risk for SIDS: Results of NICHD SIDS cooperative epidemiological study. *Ann NY Acad Sci* 533:13-30.

Jelliffe, D. and Jelliffe, E.F.P. 1978. *Human Milk in the Modem World*. Oxford: Oxford University Press.

Keens, T.G. and Van der Hol, A.L. 1984. Use of hypoxic and hypercarbic arousal responses in evaluation of infant apnea. *Perinatol Neonatol* 8:32.

Leistner, H.L. et al. 1980. Heart rate and heart rate variability during sleep in aborted sudden infant death syndrome. *J Pediatr* 97:51.

McCulloch, K. et al. 1982. Arousal responses in near-miss sudden infant death syndrome and in normal infants. *J Pediatr* 101:911.

McKenna, J. J. et al. 1993. Infant-parent co-sleeping in an evolutionary perspective: Implications for understanding infant sleep development and SIDS. *Sleep* 16:263-82.

McKenna, J. J. and Mock, S.S. 1994. Sleep and arousal, synchrony and independence among mothers and infants sleeping apart and together (same bed): An experiment in evolutionary medicine. *Acta Paediatr Suppl* 397:94-102.

Mitchell, E. A. et al. 1991. Results of the first year of the New Zealand cot death study. *NZ Med J* 104:72-76.

Naeye, R.L. 1976. Sudden infant death temperament before death. *J Pediatr* 88:511.

Sears, W. 1995. *SIDS: A Parent's Guide to Understanding and Preventing Sudden Infant Death Syndrome*. Boston: Little, Brown.

Weissbluth, M. 1982. Sleep apnea, sleep duration and infant temperament. *J Pediatr* 101:307.

West, L.J. 1969. Foreword to *Dream Psychology and the New Biology of Dreaming*, ed. Melton Kramer. Springfield, Illinois: Charles C. Thomas.

Chapitre 13

La sieste : un moyen de conserver votre santé mentale

« Mon enfant ne semble pas avoir besoin de faire la sieste, mais ce n'est pas mon cas ! » me confiait la mère fatiguée d'un bambin actif de deux ans. Les siestes sont habituellement nécessaires aux bébés et aux enfants pour bien grandir et aux mères pour survivre.

À quelle fréquence un bébé a-t-il besoin de faire une sieste ?

À la naissance, le bébé émerge d'un environnement visuellement sombre et plein de sons rythmiques constants, pour être plongé dans un nouvel univers où les stimuli visuels et auditifs sont nouveaux, surprenants et souvent extraordinaires. Lorsque ses sens sont surchargés, ce qui arrive fréquemment, le nouveau-né réagit en se réfugiant dans le sommeil. Il fait plusieurs courtes siestes, qui se comptent en minutes, tout au long de la journée. En plus de ces petits sommes, le bébé connaîtra plusieurs épisodes de sommeil plus longs au cours de la journée. Vers l'âge de trois mois, le sommeil du bébé le jour est habituellement divisé en deux périodes de sieste, une le matin et une autre, l'après-midi. Pendant leur première année de vie, la plupart des bébés continueront de faire une sieste d'une heure en matinée et une autre d'une à deux heures en après-midi. Entre l'âge d'un et deux ans, la plupart des bébés laissent tomber la sieste du matin, mais ont encore besoin de celle d'une heure ou deux de l'après-midi. La majorité des enfants ont besoin de faire une sieste d'au moins une heure en après-midi, jusqu'à l'âge de quatre ans.

Les spécialistes du sommeil sont d'avis que la sieste a effectivement une valeur régénératrice. Les enfants et les adultes qui font une sieste s'endorment plus rapidement et leur sommeil est souvent plus réparateur durant cette courte de période de repos le jour que durant la nuit.

Faites la sieste lorsque votre bébé fait la sienne

Afin de refaire le plein d'énergie, la mère devrait apprendre à faire une sieste (et devrait être encouragée à le faire) lorsque son bébé en fait une. C'est une erreur d'utiliser la période de sieste du bébé pour rattraper le retard dans les travaux ménagers. Vous avez autant besoin de faire une sieste que votre bébé. Ces périodes font partie du processus d'harmonisation entre vous et votre bébé, un processus essentiel qui vous permettra à tous deux de survivre et de bien vous sentir au cours de ces premiers mois épuisants.

Encourager le bébé à faire une sieste

Les signes annonciateurs

La mère sensible aux indices transmis par son bébé saura lorsque celui-ci a besoin de faire une sieste. Il n'a peut-être pas vraiment besoin de dormir, mais son comportement indique qu'il a besoin de repos. Alors qu'il était enjoué et de bonne humeur, il peut devenir peu à peu (ou brusquement) maussade ou ne pas sembler dans son assiette, ou encore il peut commencer à réagir de façon excessive aux stimuli (trop de bruit ou trop de choses à voir). Il a peut-être besoin de faire une petite pause, de se faire bercer doucement en se faisant fredonner une berceuse, ou de se faire cajoler tendrement, ou de se faire allaiter, couché près de sa mère. Le bébé peut s'endormir ou non. Ne vous attendez pas à ce que ce temps d'arrêt se termine toujours par une longue période de sommeil, sinon vous ne ressentirez que de la frustration lorsque ces deux petits yeux refuseront obstinément de se fermer. Ce n'est peut-être pas le bon moment. Il faudra le laisser jouer encore une heure ou plus avant qu'il n'ait véritablement besoin de dormir et qu'il accepte de le faire. De toute façon, cette petite pause lui permettra de retrouver sa bonne humeur et vous vous sentirez bien ensemble. Des signes indéniables indiquant que le bébé est mûr pour une sieste se manifesteront sans doute plus tard : il deviendra de plus en plus grognon, ses paupières s'alourdiront, il ralentira ses activités, il dodelinera de la tête et demandera à téter.

Un coin pour la sieste

Conditionner le bébé à faire la sieste

Si cela convient à votre mode de vie, vous pouvez recourir au conditionnement pour le temps de la sieste. Dans certaines familles, la vie est plus harmonieuse lorsqu'il y a un temps fixe pour la sieste. Les enfants peuvent apprendre à dormir, ou du moins à se reposer, pendant ces périodes fixées à l'avance. Vous ne pouvez forcer les enfants à dormir, mais vous pouvez créer un environnement propice au sommeil : un endroit calme et sombre où vous pouvez vous étendre avec votre enfant au son d'une musique favorisant la détente. Les bambins allaités semblent plus enthousiastes quand vient l'heure de la sieste, car ils aiment bien ce moment de la journée et, lorsque ces conditions propices au sommeil sont remplies, ils s'endorment tout naturellement. À titre d'exemple de conditionnement, prenons le cas de la sieste de l'après-midi dont la mise en scène suit une séquence bien établie : beaucoup d'exercice suivi du repas du midi, suivi d'une histoire, suivie d'une musique ou d'une berceuse favorisant la détente dans un environnement calme et sombre. Lorsque l'enfant s'habitue à ces étapes de conditionnement qui conduisent à la sieste, le sommeil suit généralement. Le conditionnement du bambin ou de l'enfant plus grand sera plus facile s'il est commencé au cours de la petite enfance.

Au lieu d'avoir des heures fixes et régulières pour la sieste, certaines familles ont un mode de vie plus souple ou imprévisible et leur bébé apprend à faire la sieste « en route », soit dans le porte-bébé ou dans le siège d'auto par exemple. C'est souvent le cas dans les familles nombreuses. Je me souviens que notre fille Erin, vers l'âge d'un an et demi, s'était habituée à faire la sieste dans son siège d'auto l'après-midi lors de nos déplacements en voiture.

Les périodes de sieste. Les lève-tôt font habituellement une sieste tôt en matinée et en après-midi et ces bébés sont prêts à aller au lit tôt en soirée, vers dix-neuf ou vingt heures. Un autre horaire de sieste peut être plus réaliste et compatible avec le mode de vie trépidante que mènent les gens aujourd'hui. Si on habitue le bébé à se réveiller plus tard le matin, à faire une sieste en fin de matinée et une autre en fin d'après-midi, il y aura plus de chances qu'il soit éveillé et de bonne humeur en soirée au moment où son père est à la maison. Encourager le bébé à faire une sieste tôt en après-midi (« de cette façon, il sera fatigué, se couchera tôt et nous pourrons enfin avoir un peu de temps à nous ») ne fonctionne pas toujours et cela empêche le père d'avoir du bon temps avec un bébé bien reposé. Dans notre famille, nous avons trouvé que les siestes en fin d'après-midi étaient la meilleure solution. Lorsque je revenais à la maison, j'étais accueilli par un bébé reposé et enjoué.

« Comment puis-je planifier les siestes de mon bébé ? » se demandent souvent les mères fatiguées et débordées. Si vous préférez avoir un horaire fixe pour les siestes, vous aurez plus de succès si vous planifiez des siestes pour vous-même. Commencez par faire la sieste avec votre bébé à des périodes fixes chaque jour. De cette façon, votre bébé finira par adopter un horaire prévisible de siestes, même si vous ne la faites pas toujours avec lui.

Inciter l'enfant qui résiste

Il y a des bébés qui refusent de faire la sieste, de se laisser aller au sommeil à une heure fixe chaque jour. Parfois, vous savez hors de tout doute que le bébé a besoin de sommeil, mais il ne veut tout simplement pas céder. Bien des bébés n'ont pas d'objection à faire une sieste, mais ils refusent de la faire seuls. Comme il est naturel pour le bébé d'être en mouvement et non immobile, lui faire faire une sieste « en route » peut être la bonne solution. Installez votre petit résistant dans un porte-bébé, une écharpe, une balançoire, un landau qui oscille ou un siège d'auto et laissez-le s'endormir au rythme du mouvement.

La sieste n'est pas toujours un moment pour dormir pour le bambin plus âgé ou l'enfant qui résiste. Il peut suffire de prévoir un moment calme en après-midi, où il peut s'étendre et écouter une histoire ou de la musique. Il s'agit d'une pause spéciale dans la journée, un moment où la mère (ou le père) et l'enfant se blottissent l'un contre l'autre et se reposent, tout simplement.

Un coin pour la sieste

Soyez flexible pour ce qui est de l'endroit où votre enfant peut faire sa sieste. Les enfants sont souvent réticents à faire une sieste. En n'insistant pas pour que l'enfant aille dans sa chambre, vous éviterez des tracas. Certains enfants accepteront de s'endormir n'importe où dans la maison. L'enfant réticent peut être séduit par un petit coin tranquille où il y a une carpette, une petite tente faite de couvertures ou une grosse boîte de carton dont un côté est découpé et où il se traîne lorsqu'il est fatigué. Cette technique exploite le désir naturel des enfants de construire leurs propres petits « refuges » dans tous les coins et recoins de la maison et de la cour.

Une peau de mouton est également un bon endroit pour la sieste du bébé et une façon de le conditionner à dormir. J'ai vu des mères apporter une peau de mouton partout où elles vont. Sitôt installé sur son « lit » en peau de mouton, le bébé s'endort.

Lorsque les siestes des frères et sœurs ne coïncident pas

Il est fréquent d'entendre des plaintes de mères fatiguées telles que : « Je voudrais bien suivre le conseil 'faites la sieste quand votre bébé fait la sienne', mais cela m'est impossible, car notre bébé de six mois et notre bambin de deux ans et demi ne font pas la sieste au même moment. Lorsque mon bébé fait une sieste, j'aimerais bien m'étendre avec lui, mais il semble que notre bambin choisisse justement ce moment pour accaparer mon attention. Je me sens déchirée entre les exigences de nos deux enfants. »

Vous ne pouvez satisfaire tous les besoins de tous vos enfants à la fois : c'est un des aspects les plus difficiles de la tâche des parents. Être parent exige que vous jongliez un peu lorsque vous essayez de donner à chaque enfant ce dont il a besoin en fonction de son stade de développement et selon l'énergie dont vous disposez. Même si certaines mères semblent défier bien des lois mathématiques, il n'est tout simplement pas possible de vous donner à 100 pour cent à chaque enfant, tout le temps. Vous devrez recourir à des solutions de rechange. Dans ce cas-ci, vous pouvez emmener votre bambin de deux ans et demi jouer avec d'autres enfants dans un groupe de jeu quelques après-midi par semaine. Si la chose est possible, le père et la mère peuvent travailler en équipe. Le père emmène le bambin pendant que la mère dort avec le bébé.

Si le bébé et le bambin sont à la maison en même temps, vous pouvez calmer votre bambin pendant un moment en lui faisant jouer de la musique ou en l'intéressant à une activité calme. S'il est confiné à un espace sécuritaire d'où il peut vous rejoindre au besoin, vous pouvez alors vous étendre avec votre bébé. Cet arrangement permet habituellement à la mère de somnoler avec le bébé tout en prêtant une oreille à son bambin qui se « repose ».

Chapitre 14

Préparer le nid : un ameublement pour dormir

Peu après la naissance de notre cinquième enfant, lors d'une visite de notre maison organisée dans le cadre d'une activité de financement pour un organisme de charité, ma femme s'est approchée d'une grand-mère à l'air perplexe : « Vous cherchez quelque chose ? » Et l'autre de lui répondre : « Oui, j'aimerais voir la chambre du bébé. » Ma femme a tendu les bras et lui a répliqué fièrement : « Elle est ici. »

Il n'est pas nécessaire de dépenser beaucoup de temps et d'argent pour bien préparer la chambre du bébé. L'apparence de sa chambre n'a aucune importance pour le bébé : c'est vous qu'il veut. Vos bras, vos seins, votre voix, votre lit sont tout ce dont il a vraiment besoin. Toutefois, si vous désirez meubler une chambre pour le bébé, voici quelques suggestions :

Le berceau

Le berceau est une merveilleuse invention pour inciter au sommeil. Lorsque votre bébé commence à s'agiter, pendant une période critique où il risque de se réveiller, le mouvement du berceau peut suffire à le rendormir. L'industrie des articles pour bébés a tenté d'améliorer le mouvement du berceau en lui incorporant un mécanisme de bercement automatique, et même un mécanisme « chantant ». Ces berceaux modernes sont l'équivalent des hamacs utilisés pour calmer les bébés dans les autres cultures. Certains bébés peuvent être déposés dans le berceau à moitié endormis et, en les berçant doucement, ils s'endormiront profondément. La plupart des bébés ont besoin de s'endormir dans le lit de leurs parents ou dans leurs bras pour être ensuite transférés dans un berceau lorsqu'ils sont profondément endormis. Que ce soit dans un berceau ou dans vos bras, la cadence du bercement devrait être d'environ

60 battements à la minute, soit le rythme cardiaque auquel votre bébé s'est habitué. Le bébé est habituellement prêt à passer du berceau à la couchette vers l'âge de six mois, lorsqu'il est capable de s'asseoir et de regarder de l'autre côté.

La couchette ou lit de bébé

Le passage du berceau à la couchette peut occasionner un dérangement temporaire dans les habitudes de sommeil du bébé, alors qu'il s'ajuste à son nouveau lit. La transition sera plus facile si vous gardez dans son lit les mêmes objets (couvertures, peau de mouton, boîte à musique, dispositifs imitant le rythme cardiaque) qu'il avait dans son berceau. La couchette est immobile. Si votre bébé a besoin d'être bercé, vous pouvez installer des ressorts aux pattes de la couchette. Où placer le lit du bébé ? Encore une fois, le meilleur arrangement est celui qui permet à toute la famille de bien dormir. La couchette peut être placée dans votre chambre, dans celle du bébé, dans celle d'un frère ou d'une sœur. Vous pouvez aussi la placer en side-car, comme indiqué plus loin.

Comment acheter un lit de bébé sécuritaire

1. Cherchez l'étiquette de la Consumer Product Safety Commission (CPSC) ou de la Juvenile Products Manufacturer's Association (JPMA), qui atteste que le lit est conforme aux normes de sécurité.
2. L'espacement entre les barreaux du lit de bébé ne doit pas dépasser six centimètres (2 po3/8) afin d'éviter que le corps du bébé ne glisse hors du lit et que le bébé ne s'étrangle, la tête prise entre les barreaux. Les lits de bébé fabriqués avant 1979 peuvent avoir des barreaux plus espacés.
3. Le matelas devrait être ferme et parfaitement ajusté au lit, afin que le visage du bébé ne puisse se retrouver coincé entre le matelas et les côtés du lit, causant la suffocation. Pour vous assurer que le matelas est bien ajusté, poussez-le dans un des coins du lit et vérifiez l'écart qu'il y a entre le matelas et le lit dans le coin opposé. Il ne devrait pas y avoir un écart supérieur à 4 cm (1po ½) entre le matelas et le côté ou le panneau du lit de bébé. Si vous pouvez glisser plus de deux doigts entre le matelas et le lit, le matelas est

trop petit. On ne devrait pas substituer un autre matelas à celui conçu par le fabricant du lit de bébé.

4. Les contours de lit empêchent le bébé de laisser pendre ses pieds entre les barreaux et lui permettent de se pousser et de se déplacer dans le lit. Les contours de lit doivent être bien ajustés dans tout le périmètre du lit. Ils doivent être bien attachés avec au moins six cordons ou boutons-pression. Si les cordons sont longs, coupez-les. Retirez les contours de lit lorsque le bébé est capable de se lever en se tenant aux barreaux. Les contours peuvent servir de point d'appui pour grimper et culbuter de l'autre côté.
5. Vérifiez la taille du bébé lorsqu'il est debout sur le matelas par rapport à la hauteur des barreaux. Lorsque la hauteur de la barre horizontale supérieure du lit de bébé est inférieure aux trois-quarts de sa taille (c'est-à-dire lorsque son cou et sa tête dépassent le barre horizontale supérieure), le bébé est devenu trop grand pour être laissé seul en sécurité dans le lit de bébé.
6. Les pièces métalliques du lit de bébé doivent être lisses et non proéminentes afin que le bébé ne puisse s'y égratigner ou y accrocher ses vêtements. Vérifiez souvent le dispositif de support du matelas en appuyant dessus vers le bas et dessous vers le haut pour vous assurer que les crochets de métal sont bien verrouillés dans les orifices situés sur les montants du lit.
7. Le loquet permettant d'abaisser un des côtés du lit doit être sécuritaire. Le bébé ne doit pas pouvoir le déclencher de l'intérieur.
8. Les jouets sur lesquels le bébé pourrait grimper pour sortir du lit de bébé doivent être retirés du lit dès que le bébé est capable de se lever en se tenant aux barreaux.
9. Le lit de bébé ne doit pas être placé près d'une fenêtre, de cordes pendantes (comme des cordons de stores), ou de toute pièce d'ameublement qui pourrait être utilisée par le bébé pour grimper hors du lit. Il doit être placé dans un endroit où le bébé ne risque pas de tomber sur un objet pointu ou de rester coincé et possiblement de s'étrangler entre le lit et le mur ou un meuble adjacent.

10. Aucune ficelle (attachée à un jouet, un mobile, une sucette ou un vêtement) de plus de 20 cm (8 po) ne doit se trouver dans le lit ou à portée du bébé, à cause du risque de strangulation.
11. Évitez les lits de bébé aux découpages décoratifs. Des bébés se sont étranglés dans l'espace concave entre le poteau de coin et le lit.
12. Si la chambre du bébé n'est pas à portée de voix de chaque pièce de la maison (les mères ont l'ouïe particulièrement fine), il peut être utile d'investir dans l'acquisition d'un interphone.
13. Ne laissez pas le bébé sans surveillance se nourrir seul au biberon.
14. Les boutons de vêtement peuvent s'accrocher dans le filet d'un lit de bébé ou d'un parc en filet.
15. Le lit de bébé devrait être recouvert d'une peinture sans plomb. Les lits de bébé fabriqués après 1974 doivent être conformes aux exigences de la Loi sur les produits dangereux. Assurez-vous que le lit de votre bébé respecte les normes de sécurité du gouvernement.

Ce qu'il faut vérifier

1. Si les ressorts permettent d'ajuster la hauteur du matelas pour votre commodité et selon la croissance du bébé. La hauteur des côtés au-dessus du matelas doit être d'au moins les trois-quarts de la taille du bébé.
2. Si le lit possède deux côtés ajustables, il sera plus facile de choisir un endroit pour l'installer. Assurez-vous que les côtés peuvent s'enlever facilement pour que le lit de bébé puisse être utilisé en side-car à côté de votre lit. Les lits de bébé de bonne qualité sont équipés d'une barre stabilisatrice en acier des deux côtés, de telle sorte qu'on peut enlever un des côtés sans déstabiliser le lit.
3. Le système permettant d'abaisser les côtés doit être muni d'un cran de sûreté nécessitant de soulever légèrement le côté pour débloquer le cran et permettre au côté de descendre.
4. Un recouvrement de plastique sur la barre horizontale supérieure des côtés ajustables permet au bébé d'y faire ses dents. Il est facile à nettoyer et empêche le bébé de mordre dans le bois.

5. Des roulements à billes silencieux aident à éliminer les grincements et autres bruits lorsqu'on monte et descend les côtés du lit de bébé. Il serait frustrant pour vous de voir le bébé endormi que vous venez de déposer se réveiller, simplement parce que le côté du lit grince lorsque vous le remontez.
6. Assurez-vous que les pattes du lit de bébé sont montés sur de larges roulettes pouvant aller dans tous les sens. Il sera alors plus facile de déplacer le lit d'un endroit à l'autre dans la chambre du bébé ou dans la vôtre. De telles roulettes permettent également de bouger doucement le lit d'avant en arrière pour aider le bébé à s'endormir.

Le matelas pour bébé

Les matelas disponibles sont de deux types : les matelas à ressorts et les matelas de caoutchouc mousse. Les matelas à ressorts sont généralement plus dispendieux. Leur prix est déterminé par le nombre de ressorts et leur type de construction. Les deux qualités les plus importantes qu'il faut rechercher lorsque vous voulez vous procurer un matelas pour bébé sont la fermeté et la qualité du recouvrement. Les matelas de bonne qualité ont un recouvrement de trois épaisseurs de tissu laminé ou de plastique qui est imperméable et facile à nettoyer tant au niveau des taches que des odeurs. Si le recouvrement de tissu, de plastique ou de vinyle est trop mince, il s'usera rapidement, se déchirera et perdra son imperméabilité. Le recouvrement du matelas doit également être ignifuge.

Le meilleur moyen de tester la fermeté du matelas est d'utiliser la paume entière de la main, non seulement le bout des doigts. Vous devriez pouvoir sentir la différence entre trop de fermeté et trop d'élasticité. Un matelas de bonne qualité aura une quantité suffisante de couches de feutre ou de caoutchouc mousse entre le recouvrement et les ressorts, de telle sorte que vous ne devriez pas sentir les ressorts. Un matelas de caoutchouc mousse de dix à douze centimètres d'épaisseur est habituellement suffisamment ferme pour être confortable et sécuritaire pour le bébé, quoique, en théorie, le matelas à ressorts est censé permettre une meilleure répartition et un meilleur support du poids du corps, tout dépendant de la taille et du poids du bébé et de la qualité du caoutchouc mousse.

Une literie sécuritaire

Les bébés doivent dormir sur des surfaces fermes. Évitez les lits d'eau, les sacs de fèves, les matelas de mousse de mauvaise qualité ou toute autre surface susceptible d'obstruer les voies respiratoires du bébé. Étendez les draps de sorte qu'il n'y ait aucun pli important. Les alèses de caoutchouc recouvertes de flanelle sont chaudes et empêchent de tacher les draps et le recouvrement du matelas. Utilisez des draps et des couvertures suffisamment grands pour pouvoir les rentrer sous les côtés et le pied du matelas, mais sans empêcher le bébé de bouger. Si votre bébé est sensible aux allergènes, évitez la literie qui produit des peluches comme les peaux de mouton très épaisses ou les couvertures de laine. Les animaux en peluche attirent la poussière qui peut irriter un bébé souffrant d'allergies respiratoires.

Soyez particulièrement vigilante en ce qui a trait à la sécurité lorsque le bébé dort ailleurs que dans son lit. La plupart des parents mettent beaucoup d'énergie à préparer un environnement sécuritaire à la maison dans la chambre du bébé. Observez les mêmes précautions lorsque votre bébé dort dans sa poussette ou lorsque vous êtes à l'hôtel et en visite chez des amis ou de la famille.

Le « meuble » pour bébé le plus important

Si vous décidez d'acheter un lit de bébé, assurez-vous qu'il soit sécuritaire. Mais souvenez-vous que ni la couchette ni le berceau dernier cri ne sont essentiels. Une mère m'a déjà raconté que son bébé avait dormi dans le lit familial ou à côté dans un berceau jusqu'à l'âge de huit mois. Lorsqu'elle avait été déplacée dans une couchette, elle avait semblé bien l'accepter, mais, au bout d'un mois, la petite grimpeuse avait maîtrisé l'art de l'évasion, même quand le matelas était à son plus bas niveau. On lui avait alors installé un matelas sur le plancher à côté de sa sœur aînée. L'achat d'un lit de bébé est un bien gros investissement si il ne sert qu'un mois! Le « meuble » pour bébé le plus important est un très grand lit (king-size) et deux parents ouverts et accueillants.

RÉFÉRENCES

Sears, W. 1995. *SIDS: A Parent's Guide to Understanding and Preventing Sudden Infant Death Syndrome*. Boston: Little, Brown.

Chapitre 15

Lorsque le parent est seul

Il est très fréquent que les enfants connaissent des troubles du sommeil suite au décès d'un de leurs parents, à un divorce ou à des absences parentales prolongées. Lorsque l'harmonie au sein d'une famille où il y avait deux parents (même s'il y avait de la discorde) est brisée, le comportement de l'enfant est perturbé, particulièrement ses cycles de sommeil. Les siestes deviennent plus imprévisibles, l'heure du coucher se prolonge et l'enfant se réveille plus souvent la nuit. Faire face à ces stress nocturnes est particulièrement pénible pour le parent seul qui traverse lui aussi une période d'adaptation. Le rôle d'un parent seul la nuit consiste à faciliter la transition à l'enfant.

Assurer la continuité

Autant que possible, essayez de réduire au minimum les changements dans la vie du bébé : la maison, le voisinage, les lits et les gardiennes. Les bébés et les enfants de tout âge s'habituent à une routine dans leur vie familiale. Trop de changements en peu de temps les portent inévitablement à se réveiller la nuit. Ils éprouvent aussi souvent des difficultés à faire la sieste. Suite à un divorce ou à une séparation, en plus de vivre des changements dans son environnement sécurisant, il est fort probable que l'enfant dorme maintenant dans deux différentes maisons et on s'attend à ce qu'il adapte ses rythmes de sommeil à deux modes de vie différents. Il est fréquent que les enfants ne dorment bien ni chez l'un, ni chez l'autre de leurs parents. L'enfant peut se réveiller à plusieurs reprises lorsqu'il est chez le parent qui en a la garde, de peur que ce parent ne parte lui aussi. Il se réveille fréquemment lorsqu'il dort chez le parent qui n'en a pas la garde, parce qu'il doit dormir dans un lit différent et parce que parfois on ne lui permet pas de dormir avec son parent, comme il est habitué à le faire dans son autre maison.

Attendez-vous à voir des signes d'insécurité. Après un divorce, il est très courant que l'enfant s'accroche au parent qui en a la garde, surtout parce qu'il a peur que ce parent ne parte lui aussi. Il arrive couramment que les enfants ne veulent pas faire la sieste seuls, aller se coucher seuls ou dormir seuls. Même très jeune, le bébé réagit aux changements dans la routine familiale ; c'est ce qui explique son sommeil perturbé. L'angoisse empêche l'enfant plus âgé de dormir : « Que va-t-il se passer maintenant? Maman va-t-elle s'en aller, elle aussi? » Un sentiment de culpabilité (« Est-ce ma faute si papa est parti? ») peut également tenir l'enfant éveillé.

Soyez réceptive aux signaux de votre enfant qui indiquent qu'il a besoin de sécurité. Il est tout à fait normal et sain pour un bambin auparavant indépendant de s'accrocher maintenant aux jupes de sa mère. Si votre bébé ou votre bambin veut dormir avec vous, accueillez-le dans votre lit au moins pendant quelques mois, le temps qu'il s'ajuste. Pour l'enfant plus âgé, un matelas à côté de votre lit suffira en général. Souvenez-vous, par contre, qu'un enfant ne peut remplacer un conjoint absent. Un tel arrangement pour la nuit sert à combler les besoins de l'enfant, pas ceux de l'adulte. Les enfants plus âgés se laissent particulièrement influencer par le parent qui a la garde et qui s'appuie sur eux pour être rassuré, alors qu'eux-mêmes sont anxieux. Une certaine forme de soutien mutuel est normale dans les familles monoparentales, pourvu qu'un sain équilibre soit maintenu.

Lorsque l'enfant dort chez le parent qui n'en a pas la garde, il est bon qu'il apporte avec lui un objet familier auquel il est attaché, comme sa couverture préférée ou un ourson en peluche. Si le jeune enfant est habitué à dormir avec le parent qui en a la garde, gardez, si possible, le même arrangement avec l'autre parent. Les deux parents doivent s'entendre pour adopter le même horaire pour les siestes et l'heure du coucher ainsi que les mêmes arrangements pour la nuit.

Attendez-vous à ce que les plus importants problèmes de sommeil surviennent la nuit où l'enfant change de maison. Le parent qui a la garde dira souvent que « après avoir passé un week-end chez papa, il lui a fallu plusieurs nuits avant de pouvoir dormir toute la nuit à nouveau ». Ceci est dû en partie aux différents modes de vie d'une maison à l'autre. Le parent qui a la garde de l'enfant, habituellement la mère, se sent responsable de la discipline et est en général plus stricte en ce qui a trait à l'horaire des siestes et du coucher. De son côté, le parent qui n'a pas la garde de l'enfant, habituellement le père, peut adopter le rôle du « papa gâteau » et créer un environnement indiscipliné de malbouffe et d'heures de coucher désorganisées. Cette contradiction dans les modes de vie affecte l'enfant déjà perturbé qui a besoin de plusieurs jours pour s'ajuster. Toute forme d'entente mutuelle pour maintenir une certaine constance dans les modes de vie aidera à diminuer cette confusion.

Chapitre 16

Circonstances particulières

De nombreuses situations affectent directement les habitudes de sommeil de l'enfant. Même si la société change (une excuse courante pour justifier la grande diversité de styles parentaux), les besoins de l'enfant ne changent pas. Les enfants sont particulièrement résilients, mais certains d'entre eux ne s'adaptent pas aussi facilement au changement que d'autres. Le fait de reconnaître les besoins des enfants dans certaines circonstances particulières peut les aider à s'adapter au changement tout en rendant votre rôle parental plus efficace durant la nuit.

La mère qui travaille

Si la mère retourne à un emploi à temps plein ou à temps partiel à l'extérieur, elle devrait s'attendre à certains changements dans les habitudes de sommeil de son enfant. Un bon exemple est celui de la mère qui retourne travailler lorsque son bébé a environ un an. Elle va chercher son petit chez la gardienne vers dix-huit heures et celle-ci se vante : « Quel bon bébé ! Il a dormi tout l'après-midi. » À la maison, l'enfant ne veut pas aller se coucher. Il se réveille souvent la nuit et se rendort difficilement. Ce changement dans ses habitudes de sommeil est extrêmement épuisant pour la mère qui, à cause de la charge supplémentaire de travail qu'elle a acceptée récemment, a besoin de plus de sommeil. En fait, l'enfant ignore la gardienne en dormant le jour et il cherche à reprendre le temps perdu avec sa mère durant la nuit. Le bébé a une façon bien à lui d'aller chercher ce dont il a besoin dans le système moderne de soins aux enfants. La mère qui travaille peut découvrir que l'enfant veut dormir dans la chambre à coucher de ses parents ou dans leur lit. Il est bon de respecter l'arrangement susceptible de permettre à toute la famille de mieux dormir. Voilà une situation où vous faites ce que vous croyez devoir faire durant le jour et vous faites de votre mieux pendant la nuit. Des études ont démontré que les enfants dont la mère travaille à l'extérieur avaient davantage de difficultés à dormir (Campbell, 1981). Je conseille aux mères qui travaillent d'être flexibles et d'accepter les besoins nocturnes de leurs enfants en adoptant un arrangement en conséquence, de la même façon qu'elles s'attendent à ce que l'enfant soit résilient et s'adapte aux changements dans la façon dont on prend soin de lui durant le jour.

Confusion entre le jour et la nuit

Notre bébé de neuf mois fait une bonne sieste durant le jour, mais le soir il ne veut pas aller se coucher, se réveille fréquemment la nuit et ne veut plus se rendormir. Je suis retournée au travail récemment. Y aurait-il un lien ?

Il arrive souvent que le bébé qui fait plusieurs siestes durant la journée se réveille beaucoup la nuit. Le bébé qui fait une sieste tard en après-midi n'accepte pas volontiers d'aller au lit à vingt heures, heure « habituelle » du coucher. Essayez d'encourager le bébé à faire une sieste en fin d'après-midi et soyez plus flexible en ce qui concerne l'heure du coucher. Mettez-le au lit lorsqu'il a besoin de se coucher et non lorsque vous voulez qu'il dorme. Vers l'âge de neuf mois, le bébé traverse souvent une phase d'anxiété de la séparation. Lorsque votre bébé se réveille la nuit, il ne veut pas se séparer de vous et retourner seul dans son lit. Votre bébé n'a pas encore acquis la notion de permanence de l'objet, la capacité de comprendre que, même s'il ne vous voit pas, vous n'êtes pas loin. Pour l'enfant de neuf mois, lorsque vous n'êtes plus dans son champ de vision, vous n'existez plus. À cet âge, le bébé ne se sépare pas facilement de sa mère, la nuit comme le jour. Oui, cette situation peut avoir un rapport avec le fait que vous soyez retournée travailler. En restant éveillé la nuit, votre bébé a probablement besoin de rattraper le temps qu'il a passé loin de vous durant le jour.

Les substituts

Une des questions inévitables que posent les parents : « Quand vais-je pouvoir laisser mon bébé pour quelques nuits? » La réponse à cette question dépend des trois facteurs suivants :

1. Votre besoin de partir.
2. La sensibilité de votre bébé à la séparation.
3. L'efficacité de la personne qui vous remplacera.

Règle générale, je suggère aux parents de voyager à trois, au moins pendant les premières années. S'il y a des occasions où vous voulez ou vous devez vous séparer de votre bébé pendant quelques jours, envisagez ces suggestions pour la nuit :

- Essayez de faire le moins de changements possibles dans la routine de vie du bébé, le jour comme la nuit.
- Assurez-vous de laisser des directives détaillées à la personne qui vous remplacera, concernant les soins que vous voulez qu'elle donne à votre bébé durant le jour et la nuit.
- Si votre bébé est habitué à dormir avec vous, alors continuez à le faire dormir avec quelqu'un.
- Si votre bébé à l'habitude de faire des siestes, assurez-vous de laisser des directives à la personne qui vous remplacera sur la façon de materner l'enfant pour qu'il s'endorme.

Comme les personnes agissant à titre de substituts auprès du bébé ont souvent une vision différente de la mère sur la manière de s'occuper du bébé durant la nuit, il est absolument essentiel que vous teniez « mordicus » à vos principes : par exemple, expliquez en détail ce que la personne devrait faire si le bébé se réveille pendant la nuit et qu'il pleure.

Voyager avec des enfants

Durant un voyage en famille, il arrive souvent que les parents rapportent que le bébé n'a pas bien dormi et qu'il n'a pas retrouvé son cycle habituel de sommeil avant plusieurs semaines après être revenu à la maison. Certains bébés s'adaptent plus rapidement que d'autres au changement. On sait que le bébé aux besoins intenses s'adapte lentement et préfère la sécurité et la constance d'un environnement harmonieux.

Certains parents vont remarquer que leur bébé dort mieux durant les vacances familiales. Je suppose que ceci peut être dû au fait que les parents se sentent plus détendus et tolérants pendant les vacances, alors qu'ils sont loin des pressions de la vie quotidienne. Il est également intéressant que des parents signalent à l'occasion que le bébé a mieux dormi en voyage parce qu'il n'y avait pas de lit de bébé au motel et qu'ils ont dû le laisser dormir avec eux.

Lorsque vous voyagez avec le bébé, essayez de maintenir une certaine constance dans l'horaire des siestes, les rituels à l'heure du coucher et les arrangements pour dormir. Si possible, emmenez le lit du bébé avec vous. Sinon, une couverture familière ou un toutou pour dormir fourniront généralement un environnement nocturne sécurisant au bébé qui est loin de son lit habituel. Aux yeux du tout-petit, son chez-soi est là où sont ses parents et c'est particulièrement vrai en ce qui a trait au lit familial.

Le bébé qui a connu un départ difficile

Si votre bébé est né prématurément, attendez-vous à ce qu'il se réveille plus fréquemment la nuit, du moins pendant les premiers mois. Le bébé prématuré se réveille plus souvent parce qu'il est fait ainsi. Ces réveils sont un mécanisme de survie et de croissance. Son sommeil contient une plus grande proportion de sommeil actif ou paradoxal. Comme la régulation neurologique de son système respiratoire et cardiovasculaire est encore immature, le bébé prématuré a besoin d'être dans un état où il se réveillera facilement pour recevoir de la nourriture et des soins. De retour à la maison, attendez-vous à ce que le bébé prématuré se réveille plusieurs fois par nuit, au moins durant les premiers mois.

L'influence du travail et de l'accouchement sur le sommeil du bébé

Des études ont suggéré que les bébés nés après un travail prolongé et difficile ou qui ont été en détresse au cours l'accouchement avaient davantage de problèmes de sommeil plus tard (Bernal, 1973). Il est possible que du stress au moment de la naissance fasse perdre au cerveau du nouveau-né la capacité de demeurer en phase de sommeil calme (Schulte, 1972).

L'enfant malade ou hospitalisé

Si possible, passez la nuit à l'hôpital avec votre enfant s'il est hospitalisé. La plupart des hôpitaux reconnaissent maintenant l'importance de la présence des parents auprès de leur enfant durant la nuit et offriront aux parents d'installer un lit à côté de celui de leur enfant. L'enfant se rétablit beaucoup plus rapidement lorsqu'il peut profiter de la présence de ses parents sans restriction.

À la maison, il se peut que la maladie d'un enfant ou d'un bébé se traduise par une ou deux nuits perturbées. Un enfant qui se réveille pour vomir est vraiment effrayé. Il est certainement utile que vous soyez à proximité afin de réconforter votre petit. Quelques gorgées d'eau ou une courte tétée accompagnée d'une caresse aideront tout le monde à se rendormir. L'enfant qui est réveillé par une toux peut prendre du sirop contre la toux que votre médecin vous aura recommandé. Si vous n'en avez pas sous la main, une cuillérée à thé de miel dans de l'eau tiède (il ne faut pas en donner si l'enfant a moins d'un an) soulagera la gorge suffisamment pour que tout le monde puisse se rendormir. Les fortes fièvres la nuit peuvent causer beaucoup d'inquiétude. Tout semble pire durant la nuit. Une dose d'acétaminophène à l'heure du coucher et une autre lorsque l'enfant se réveille (au moins trois heures plus tard) peuvent contrôler la fièvre. Ne réveillez pas votre enfant pour lui donner un médicament. Si la température rectale de l'enfant excède 39,4 degrés Celsius (103 degrés Fahrenheit) et ne diminue pas malgré la médication, le tremper dans un bain tiède pendant vingt à trente minutes pourra aider. Si l'enfant est contrarié, occupez-vous de lui. Pleurer ne fera qu'augmenter sa température.

Une attaque de croup (une toux aboyante rappelant le cri du phoque) en pleine nuit est inquiétante la première fois qu'elle se produit. Une salle de bain pleine de vapeur facilitera la respiration du malade et annulera la réaction de panique. Pour détendre l'enfant atteint de croup, lisez-lui des histoires.

Les otites dérangent davantage l'enfant pendant la nuit, car la position couché permet au liquide d'exercer une pression douloureuse sur l'oreille interne. Des gouttes analgésiques pour les oreilles et une dose d'acétaminophène aideront à soulager la douleur. Aidez l'enfant à dormir assis en le soutenant avec plusieurs oreillers. Encore une fois, être à vos côtés aidera à soulager la douleur, serrez-le contre vous.

RÉFÉRENCES

Bernal, J.F. 1973. Nightwaking in infants during the first 14 months. *Develop Med Child Neurol* 15:760.

Campbell, K. 1981. Association of the domestic set-up with sleep difficulties in children under three years of age. *Med J Aust* 2:254.

Popper, B. 1998. *Babies and Children in the Hospital* (pamphlet). Schaumburg, IL: La Leche League International.

Schulte, F. et al. 1972. Maternal toxemia, fetal malnutrition. In *Sleep and the Maturing Nervous System*, ed. D.D. Clement. New York: Academic Press.

Chapitre 17

Une histoire en guise de conclusion

Il était une fois un bébé qui dormait avec sa maman.

Avant de naître, se disait bébé, j'avais hâte qu'arrive la nuit. Il n'y avait plus tous ces bruits étranges autour de maman, je pouvais me calmer et m'endormir avec les sons auxquels je m'étais habitué et que j'aimais : les sons de maman. Avant ma naissance, on dormait ensemble et c'était bon.

Quand je suis né, mon lieu de sommeil a changé, mais pas ma mère. Nous restions encore ensemble la nuit, comme nous l'avions fait au cours des neuf mois précédents. Ce nouvel univers que je ne comprenais pas encore me rendait nerveux, mais la nuit je n'avais pas peur. Maman et moi dormions ensemble et c'était bon.

J'aime la nuit. Durant le jour, maman a beaucoup à faire. Mais la nuit, elle n'est pas aussi occupée. Elle est toujours là, et je peux me blottir contre elle et téter chaque fois que j'ai faim. J'ai un tout petit estomac et le lait de maman est si facile à digérer que je ne reste pas repu très longtemps. Je dois me nourrir très souvent. Comme maman et moi dormons ensemble, je n'ai jamais faim très longtemps et ça c'est bon.

Je ne connais aucun meilleur endroit pour dormir qu'avec maman. J'ai entendu dire que tante Nancy m'avait acheté un beau lit de bébé. Il est décoré d'animaux de plastique qui bougent quand je les touche et de clochettes métalliques qui tintent lorsque je les tire. Il y a des gens qui pensent que les bébés devraient dormir dans des lits de bébé, mais je ne crois pas que j'aimerais ça. Ce lit de bébé ne bouge pas, ne parle pas et ne chante pas. Il ne fait que grincer. Il est sombre et dur et on s'y sent seul. Qui serait là quand je me réveillerais ? J'aime m'étirer et toucher maman pendant la nuit. J'aime la toucher et l'entendre. Tante Nancy est bien gentille. On ne lui dit pas que je n'aime pas les lits de bébé. Maman dit que je pourrai y jeter mes jouets lorsque je serai plus grand. Cela fera une bonne cage pour mes oursons et mes éléphants en peluche. Moi, je vais continuer à dormir avec maman. C'est si bon.

Je grandis beaucoup maintenant. Comme ça demande beaucoup d'énergie, je mange plus. C'est une bonne chose que maman soit là toute la nuit parce que j'ai vraiment besoin de tout ce bon lait. Le lait de maman est meilleur la nuit, peut-être parce qu'elle est plus détendue. Je me réveille souvent, juste pour voir si tout va bien. Puis je tète un peu, mais je ne dérange personne. Je peux grandir très vite parce que je ne gaspille pas d'énergie à me faire du souci. Je suis trop petit pour me faire du souci de toute façon. Je n'ai pas à m'inquiéter, car maman et moi dormons ensemble et je me sens bien.

Parfois maman passe une mauvaise journée et elle a de la difficulté à s'endormir. Mais je commence bientôt à téter et savez-vous ce qui se passe ? Elle commence à somnoler et parfois elle s'endort profondément avant moi. On s'aide l'un et l'autre à dormir. Parce que je dors avec elle, maman se sent bien.

Moi aussi, j'ai mes mauvais jours et mes mauvaises nuits. Je deviens anxieux, perplexe. Mes dents qui poussent me font mal, j'ai les fesses irritées, ou bien c'est mon nez qui est obstrué. (Vous savez, les bébés doivent avoir le nez dégagé pour pouvoir respirer.) Lorsque je ne me sens pas bien, ça me réconforte de m'étirer et de toucher maman ou papa. Je tète un peu et je me rendors. Nous nous sentons tous mieux.

Les amies de ma mère passent leur temps à lui prêter des livres et à lui dire qu'elle ne devrait pas accourir dès que je pleure. Ils emploient des mots affreux comme « manipulation ». Maman en rit et dit qu'elle me lit, moi son enfant, au lieu de lire un livre. Je suis très content qu'elle m'écoute. Elle devient une meilleure mère de jour en jour. Nous dormons ensemble, nous nous faisons confiance et nous nous sentons bien.

J'aime aller me coucher. Je reçois tellement d'attention. Il n'y a personne d'autre autour, seulement papa, maman et moi. Notre lit n'est pas luxueux, mais il y a de l'espace pour chacun de nous. Maman a dit à grand-maman de ne pas dépenser d'argent pour m'acheter des cadeaux dispendieux. Grand-maman m'a apporté un ourson qui faisait des sons comme ceux d'une mère. Ce n'étaient pas les mêmes que ceux de maman et quand on le prenait, il ne faisait rien. Pourquoi un bébé devrait-il s'habituer aux sons de la mère de quelqu'un d'autre ? Mon ourson préféré, c'est ma maman. Elle s'enroule autour de moi quand je me serre contre elle. Pendant la nuit, nous dormons ensemble, nous nous touchons et nous nous sentons bien.

Ces jours-ci, j'apprends à mieux connaître papa. Je ne suis pas certain qu'il aimait dormir avec moi au début. Il est tellement grand et moi, si petit. On avait un peu peur tous les deux. En plus, je faisait beaucoup de bruit il y a quelques mois. Une nuit, papa a même dit à maman qu'il était temps de me coucher dans cet affreux lit de bébé. J'aime bien dormir avec papa et, maintenant, il aime dormir avec moi lui aussi. Je ne le vois pas beaucoup durant la journée. Il est très occupé à travailler. C'est bon d'être avec lui la nuit. Papa et moi, on dort ensemble et on se sent bien.

Je n'ai jamais besoin de pleurer très fort ou longtemps pour obtenir de l'attention quand j'ai besoin de quelque chose, même si tout ce que je veux c'est de me faire prendre et de me faire parler. Je passe la plus grande partie de la journée dans les bras de maman ou dans le porte-bébé, tout contre elle. Elle sait que ça me rend heureux d'être avec ceux qui m'aiment. Si maman ne me prenait pas dans ses bras quand je pleure, je ne sais pas ce que je ferais. Je crois que je me fâcherais très fort. Mais je sais que le monde est un meilleur endroit que ça. Comment pourrais-je me sentir bien si maman me laissait tout seul dans le noir ? Tout va bien quand nous dormons ensemble.

Un jour, je serai grand et je quitterai la maison, je me marierai et j'aurai des enfants à moi. Et savez-vous où ils dormiront ? Avec moi, bien sûr. Y a-t-il une autre façon de faire ? Nous dormirons tous ensemble et nous nous sentirons bien.

Index

À propos de la Ligue La Leche

La Leche League International a été fondée en 1956 par sept femmes qui voulaient aider d'autres mères à en apprendre davantage sur l'allaitement. La Leche League International est la plus grande source mondiale d'informations sur l'allaitement. Son action d'aide mère à mère s'étend dans toutes les régions du monde à travers un réseau de monitrices et d'animatrices accréditées.

Les mères qui communiquent avec la Ligue La Leche obtiennent des réponses à leurs questions sur l'allaitement. Elles trouvent également de l'encouragement auprès d'autres parents attentifs et désireux de répondre aux besoins de leurs bébés et de leurs jeunes enfants. Des groupes locaux de la Ligue La Leche se réunissent chaque mois pour parler d'allaitement et de sujets connexes. Les monitrices de la Ligue La Leche, qui peuvent être rejointes par téléphone, apportent information, écoute et soutien aux femmes qui désirent allaiter.

La Leche League International diffuse plus de 3 millions de publications annuellement, dont une partie traduite en 35 langues. Si vous avez aimé *Être parent la nuit aussi*, vous apprécierez sûrement *Que faire quand bébé pleure?* Dans cet autre ouvrage, les experts de l'art parental favorisant l'attachement, William et Martha Sears, aident les parents à voir leur bébé exigeant sous un jour nouveau, ce bébé aux besoins intenses qui demande des soins de première qualité pour réaliser son plein potentiel. Ils y traitent aussi des coliques, de reflux gastro-œsophagien et des défis de l'allaitement d'un bébé difficile.

Pour de plus amples informations sur l'allaitement, consultez le manuel de la Ligue La Leche *L'Art de l'allaitement maternel*, un classique qui en est maintenant à sa cinquième édition française. Vous trouverez également d'autres renseignements sur l'allaitement après un an dans *Le bambin et l'allaitement* de Norma Jane Bumgarner et dans *À propos du sevrage …quand l'allaitement* se termine de Diane Bengson.

Vous pouvez commander ces livres

au Canada	Ligue La Leche 2540, Sherbrooke Est, bureau 100 Montréal (Québec) H2K 1E9 Courriel : information@allaitement.ca Site Web : www.allaitement.ca
en France	La Leche League France Boîte postale 18 78 620 L'Étang-La-Ville Répondeur national : 01 39 584 584 Courriel : contact@lllfrance.org Site Web : www.lllfrance.org
à la LLLI	La Leche League International PO Box 4079 1400 North Meacham Road Schaumburg, IL 60173-4808 USA Téléphone: 847-519-7730 Site Web : www.lalecheleague.org